明治図書

JN043634

1年間
まるっと
おまかせ！

小3担任
のための
学級経営
大事典

『授業力＆学級経営力』
編集部

イントロダクション
小3担任の学級経営
5つの鉄則

静岡県公立小学校 **金子 真弓**

1 学級経営の根底に「相手を思う心」を置く

　思いやりは，「相手を思う心」です。学校でのすべての教育活動において大切にしたいのは，この相手を思う心です。教師は1年間を通して毎日たくさんの言葉を子どもたちに伝えています。行動の指示だけでなく，行動の支えとなる心を育てるという視点をもって，日々言葉を伝えていくことが大切だと考えます。

　例えば，目を見て話を聞いてほしいときに，「目を見て話を聞きましょう」という指示だけでなく，「目を見て話を聞いてくれると，話を聞いてくれているんだなということが伝わるから，先生はうれしいよ」と言うことで，話を聞くことも相手を思う心からくる行為だと伝えることができます。

　同じように，「相手に聞こえる声の大きさで話をすること」も「スピーチの後に拍手をすること」も「友だちの発表に反応すること」も「教室を掃除すること」も「給食を一生懸命食べること」も，相手を思う心からくる行為だと伝えることができます。

　学級経営の根底に「相手を思う心」があってほしいと願っています。芯の通った（心の通った）学級経営をすることで，必要のない場面で強い叱責をすることもなくなるはずです。心の通った温かな学級づくりは，子どもたちとの信頼関係をさらに強めてくれるでしょう。

2　指示や説明に理由を添える

　当たり前のことを当たり前にすること，そしてそれを継続することは，たやすいことではありません。教師の丁寧な説明と根気が必要です。

　私は1つの手段として，指示や説明に理由を添える，ということをしています。例えば，「廊下は歩きましょう」という言葉には，「廊下を走ったらけがをしたり，させたりするかもしれないから」「みんながけがをしたら先生は悲しいから」などの理由を添えます。また，「名前は丁寧に書きましょう」という場面では，「名前はおうちの方が一生懸命考えてくれた，人生最初のプレゼントだからね」などと，どうして丁寧に書いてほしいのかをつけ加えて伝えます。一つひとつの話は長くなるかもしれませんが，理由をつけ加えることで，より子どもの心に残る話になるはずです。どれが正解，ということではなく，教師が自分の言葉で語れる話をもっていることが理想です。また，当たり前のことを当たり前にできたときには，その言動を認めたりほめたりして価値づけることも忘れずに。

　3年生になると，低学年のときには理解が難しかったような話も伝わるようになります。また，すぐに伝わらなくても，何度も言い続けることで，教師の伝えた言葉が子どもの心の中に蓄積し，いつか必ず実感を伴って伝わる日がくると信じています。

3　子ども自身が考えられるようなきっかけをつくる

　「○○しましょう」「○○してはだめです」と伝えるだけでも，3年生の子どもたちは素直に聞き，行動してくれることでしょう。しかし，教師から子どもたちへの一方的な指示だけではなく，子どもたち自身が自分の頭で考えるきっかけとなるような言葉を選びたいものです。

　例えば，忘れ物をしたときに「先生，消しゴムを忘れました」と子どもが言いに来たとします。消しゴムを教室にストックしておけば貸し出しをする

こともできます。ですが、そこでひと言「それで、どうする？」とまずは子ども自身に考えさせます（言い方によっては冷たく聞こえてしまうので、気をつけましょう）。忘れ物はだれにでもあります。大切なのはその後です。「忘れたので貸してください」「忘れたので、○○さんに貸してもらいます」など、自分で考えて言えたときには「自分で考えることができたね」と、ほめてあげるとよいですね。

　また、友だちとのトラブルが起きて指導をする場面で、「何がいけなかった？」「これからどうすればいい？」などと投げかけることで、子どもは一生懸命考えます。すぐに言葉が出てこないかもしれません。ですが、何も言えない＝何も考えていないわけではなく、一生懸命考えているはずです。考えを促す言葉を使うことで、「先生は自分たちの考えを大切にしようとしてくれている」ということも伝わります。

　よくないことが起きたときこそ、考えてほしいと思っています。頭ごなしに叱っても、「怒られて怖かった」という記憶しか残りません。教師と児童である以前に、人と人です。私たちは心でつながっています。

　即効性はなくても、ちょっともどかしくても、たとえ多少遠回りをしたとしても、自分で考えるという習慣を身につけることが、必ず成長につながります。

4　新しいことへの挑戦を支える

　1，2年生のときには、担任に言われたことや決められたことをするだけで精いっぱいだった子どもたちも、3年生になると、学校生活にすっかり慣れ、エネルギーを持て余してきます。決められたことをしっかりとやることももちろんとても大切なことですが、決められたことだけでなく、新しいことに挑戦する機会を投げかけてみましょう。この中学年での経験が、高学年での委員会活動など、学校全体を動かす活動に生きていきます。

　例えば、学級をより楽しくするような係活動をスタートしてみるのもよい

でしょう。自分たちで必要な係や内容を考えることで、「自分たちの学級は自分たちの手でよりよくしていく」という自治の心が育っていくことにつながります。学期末や年度末のお楽しみの企画を考えてもらうのもよいですね。自主学習を始めてみるのもよいでしょう。自分の興味のあることをとことん調べたり、自分の力を伸ばせる学習法を模索したりすることで、可能性が広がります。はじめからうまくいくことはありません。もどかしくてもほめて励まして、ほんの少し「こうするともっとよくなるよ」とアドバイスをしてあげましょう。

　新しいことに挑戦するのはとても勇気がいることです（大人と同じです）。そのためには、日ごろの教師との信頼関係、温かい学級づくりがカギとなります。土台をしっかりとつくってから、「よいと思うことにはどんどん挑戦してみよう」という声かけを日ごろからしていきます。そして「やってみようかな」という心を育てることから始めてみませんか。

5　思いを伝える

　私は、「相手に心を開いてほしかったら、まず自分が心を開くこと」をモットーとしていて、自己開示は人間関係をつくるうえで大切な第一歩だと感じています。

　具体的には、朝の会を使って子どもたちに思いを伝えたり、学級通信の中でおうちの方に向けて自分が大切にしている言葉を綴ったりしています。

　その1つとして、私は、子どもたちに「あなたたちのことが大好き」という言葉をときどき伝えます。大好きだから悲しくなったり虚しくなったり、頭にきたりすることもあります。担任になると、いろんな気持ちに日々振り回されます。そこに気持ちがあるからです。言葉は心を超えません。口にしないと伝わらないのです。「言わなくてもわかるよね」と思わずに、「あなたたちのことが大好き」という言葉を、ここぞというときにぜひ口に出して伝えてみてください。ちょっとはずかしいですけれどね。

CONTENTS
もくじ

4月の学級経営のポイント

1 3年生は，「第2の入学」と心得る

3年生は「第2の入学」と言われます。教科の学習では，社会・理科が始まります。国語や算数の学習も，より抽象的になり，難易度が上がります。総合的な学習の時間も始まり，より創造的で思考力を生かす活動が中心になります。音楽では，リコーダーの学習が始まり，書道も始まります。1，2年生の学習内容から，かなりの飛躍があります。また，心にも変化が生まれます。今まで先生中心の態度でしたが，子どもたち同士の仲間意識がより顕著になります。「先生の言うことなら…」という態度から，「○○ちゃんと同じように…」という態度に変わっていく時期です。つまり「ギャングエイジ」の始まりです。

以上のように，3年生は子どもたちにとって大きく変化のある学年なのです。そのことを十分に踏まえて，1年間学級経営をしていきます。変化を「楽しみ」と捉えるか，「困難」と捉えるかは，子どもたち一人ひとりによって違います。担任している子どもたちが1人残らず，「楽しい」と感じながら4月を過ごせるようにしたいものです。

2 1年間の中でも大きく変化すると認識しておく

2年生から3年生になる4月の変化も大きいのですが，1年間で子どもたちが見せる成長も，他学年と比べて顕著です。身体的な成長はもちろん，心と体の成長も顕著になります。4月の様子と3月の様子を比べると，別人のように感じることも少なくありません。

その大きな成長を，子どもたち自身や保護者がわかるようにすることも，3年生の学級経営のポイントです。

始業式，学級開き，4月の活動では，教師は，子どもたち，保護者に「語り」をしましょう。3年生とは成長が著しい学年。学習することも多くなる。友だち関係も広がっていく。それに伴って問題も増えていく。このようなことをタイミングを見て，わかりやすく語っていきます。

そして，最後に必ず「問題があっても大丈夫。先生やみんなと一緒に成長していき，思い出深い3年生の1年間にしていこう」と語ります。子どもたち，保護者に伝えるというよりは，教師の決意を自分自身が再確認するイメージです。

3 「安心感」で 教室を満たす

　まずは，子どもたちが「この教室は安心できる場所だ」と思えることが大切です。次項から紹介されているアイデアで，春休みに学級開きの準備をしておきましょう。準備をしておくことで，教師は心に余裕ができます。その余裕で，教師は笑顔になれます。教師の笑顔は，子どもたちにも伝わり，子どもたちも笑顔になります。

　4月の準備は春休みにできているので，子どもたちも見通しがもてます。教師も見通しがあるので，むだな指導や叱る行為が少なくなります。そうして「安心感」がどんどん増していきます。

4 「認める」と「期待」を 意識する

　安心感で満たすには，きちんとした準備だけではなく，安心感を基盤としながら，子どもたち一人ひとりを「認める」ことが必要です。「認める」は「ほめる」とは違います。子どもたち一人ひとりの改善すべき点も受け入れるのが「認める」です。どのような子どもたちも，認める。そうすることで，子どもたち，保護者にも安心感が生まれます。そして，一人ひとりに成長を「期待」していることが伝わるようにします。ピグマリオン効果（他者からの期待を受けることでその期待に沿った成果を出すことができるという心理効果）で，期待されると子どもたちはより大きく成長していきます。

（松森　靖行）

4月

春休み「やることリスト」

1 3月中にやること

①学年・学校単位でやること

- ・前年度からの引き継ぎ（児童のことや学年行事等）
- ・学年の指導方針や目標の原案づくり
- ・学年分掌の割り振り，組織図作成
- ・担当クラス決定　名簿作成
- ・学年通信の下書きの作成
- ・教室，廊下，黒板，ロッカー，靴箱などの清掃
- ・新年度に差し替える書類などの準備，確認
- ・児童名簿の作成

　担当学年や校務分掌の正式決定は，新年度になってからですが，実際には年度末にわかっている学校が多いと思います。

　とはいえ，新しい学年のメンバーには4月に異動してくる方もいるでしょう。そこで，可能な範囲で仕事を進めておくと，4月からの多忙が多少は軽減されます。

　まず最優先でやりたいのは，児童の引き継ぎです。異動してしまう方からは特に念入りに，気になる児童についての情報を集めておきます。またそれを基に，どのような指導に力を入れていくべきか，その原案を練っておきましょう。あとは，時間の許す範囲で，4月から行う事務処理を進めておくようにしましょう。

②学級担任としてやること

・学習内容の確認（教科書を読む）
・教科指導や学級経営についての情報収集
・学級経営の柱の検討
・学級開きで何を話すかなどを検討

　3月中では，担当学年しかわかっていないことも多いでしょうし，さして時間のゆとりもありません。そこで，最低限やっておきたいのが，3年生ではどんな学習をするのか，どんな行事があるのかを確認しておくことです。それによって，特にどんな準備が必要なのか見えてきます。

　まずは，1時間程度でよいので，教科書をざっと読みましょう。それにより，どんな学習をするかイメージがつかめます。

　次に，過去に3年生を担任したことがあるならば，そのときの資料を探し出しておきましょう。前回の実践を基にさらに一歩進めることで，自身の力量がアップします。もし3年生の担任がはじめてならば，昨年の担任に週指導計画などの資料を借りましょう。

　可能な限り，3年生の学級経営に関する本（まさに本書がそうです）を3月中に一読しましょう。さらに，3年生というキーワードで教育書，教育雑誌，ネット上の情報を探しておくとよいでしょう。

　情報収集が終わったら，本年度，教科指導で力を入れたいことを決めます。小学校では多くの教科を担任が教えますが，自分の得意教科を決め，その中でも，今年は特にここをがんばるということを決め，計画的に授業力を高めましょう。

　また児童の実態がわかっていれば，学級経営で特に力を入れたいことを決めます。例えば「あいさつをしっかりできるようにしよう」「クラスの問題を子どもたちで解決できるようにしていこう」などです。それが決まると，学級開きで話をする内容も定まってくるでしょう。

4月

2　4月に入ってやること

①学年・学校単位でやること

- 指導方針の確認と学年目標の決定
- 学年内の役割分担の確認
- 教科書，副読本の確認
- 教材選定，発注，購入，確認
- 学年だよりの作成
- 給食，清掃指導など方針共有
- 指導要録などの必要書類差し替え
- 始業式当日やその後1週間程度の動きの確認
- 配付物の確認
- 学級編制名簿の掲示準備

　3月中にある程度，学年の指導方針や目標を決めていると思いますが，新メンバー全員がそろうのは4月に入ってから。全員そろったところで，それらを確認します。4月に異動してきた新メンバーには，児童の実態を含め，丁寧に説明しましょう。また，学年内の役割分担もあわせて行い，だれが，いつまでに，何をするのかを明確にしておきましょう。

　次に，教科書，副読本の数を確認し，始業式前日までに教室に運びます。

　教材選定は昨年の担任に，選んでよかったものや，必要なかったものなどがないか調査してから，決めましょう。

　学級数が多い学校の場合は，給食や清掃指導などのやり方を確認しておきましょう。学級がスタートしてからルールを変えるのは，混乱のもとになります。

　準備物で特に気をつけたいのは，名簿関係です。名前の間違いは絶対に避けたいところです。

②学級担任としてやること

- ・学級名簿作成
- ・教室環境の確認，整備
- ・ロッカーや下駄箱の名前シールの作成
- ・座席表，時間割表，給食・掃除当番表の作成
- ・黒板メッセージの作成
- ・初日のあいさつの検討，練習
- ・最初の１週間の流れの確認
- ・授業開きの準備
- ・気になる児童の確認
- ・配付物の確認

　学級担任として行う準備には，事務的な準備と，よりよい学級づくり，授業づくりのための準備があります。事務的な準備については，上記例を参考に，各学校の実態に合わせて取り組んでください。

　大切なのが，よりよい学級づくり，授業づくりのための準備です。

　名簿は単に作成するだけでなく，児童一人ひとりの名前も覚えてしまいましょう。昨年作成した写真が手に入るなら，顔とセットで覚えるのが理想です。それだけで信頼感がアップするでしょう。

　子どもたちが気持ちよく新学年をスタートできるように，教室環境の確認も忘れずに。教室はきれいですか。埃は溜まっていませんか。花を飾ったり，黒板にメッセージを書いたりするなど，温かく迎え入れるようにしましょう。

　気になる児童の確認も必ず行いましょう。生徒指導上気になるだけでなく，アレルギーなど健康面のチェックも忘れずに。

　安定的な学級経営のためには，学級開きを含め，最初の１週間をどう過ごさせるかも重要です。しっかり考えておきましょう。

（瀧澤　真）

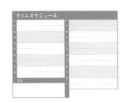

新年度1週間の
タイムスケジュール

1日目

～7：50	・教室の窓の開放 ・教室内の確認 ・学級編成表の掲示
8：05 ～ 8：20	・担当クラスの出欠席の確認，学年主任に報告 ・体育館に引率
8：30 ～ 9：15	着任式，始業式 ・転入職員紹介，学級担任発表 ・教室へ引率指導
9：25 ～ 10：10	学級開き①（学級活動） ・出席番号順に座らせる ・担任の自己紹介　・児童の呼名 ・基本方針を伝える
10：30 ～ 11：15	学級開き② ・教科書，手紙の配付 ・基本ルールの確認 ・１年間の流れを伝える
11：15 ～ 11：30	帰りの会 ・今後の予定の連絡 ・明日の登校・下校時刻，持ち物等の連絡

11：40	・一斉下校 ・教室の整理・整頓
13：00〜13：30	・職員打ち合わせ
13：30〜15：00	・学年会

　子どもとの大切な出会いの日です。万全の準備をして臨みましょう。第一印象が大切です。服装や髪型にも気を配りましょう。

　ここでのタイムスケジュールは，私の勤務する地域での一般的な流れです。各地域の実態に合わせてアレンジしてください。

　始業式での担任発表までは，子どもたちはだれが担任かわからない状態です。そんなときこそ子どもウォッチングのチャンスです。姿勢のよい子はだれか，一生懸命に校歌を歌っているのはだれかなどをよく見ておき，後でほめるようにしましょう。

　担任名が発表されたら，元気よく返事をして，笑顔で子どもたちの前に立ちましょう。

　教室に戻ったら学級開きです。配付物が多いので，出席番号順に座らせます。それから，自己紹介と進級を祝う簡単なあいさつをします。できるだけ明るく楽しい自己紹介を考えておきましょう。

　次に，子ども一人ひとりの名前を呼びます。呼び方の確認とその反応を見ていきます。気になる子はチェックしておきましょう。

　それから，基本方針を伝えます。ここが初日で一番大切な部分です。担任の思いを短めに，しかし思いを込めて伝えます。しっかりとシナリオをつくって話をします。

　学級開き②では，教科書や手紙の配付などを行いますが，ここでの確認を怠ると，あとで「教科書がない」「副読本がない」などトラブルになります。家庭環境調査票や学年だよりなども確実に配付します。提出期限のある書類については，あらかじめ一覧にしておくとよいでしょう。

4
月

2日目

1時間目	朝の会 学級活動	提出書類等の回収と確認 本日の動きの確認 自己紹介
2時間目	入学式	3年生としての自覚をもって入学式に参加
3時間目	身体測定	更衣室の場所，使い方の確認 無言で移動・待つことの確認 お礼「お願いします」 　　　「ありがとうございました」 時間が余ったら，自己紹介カードの作成
4時間目	清掃指導 帰りの会	基本的な掃除の仕方を確認 明日の登校・下校時刻，持ち物の確認

　今日は入学式。3年生も出席する場合，子どもにとっても担任にとっても，慌ただしい1日になります。昨日一度確認したといっても，細々としたルールは身についていないので，それらを確認しながら1日を過ごすことになります。特にクラス替えがあって複数の学級から子どもが集まっている場合，様々なルールが混在しているので，早めに統一しましょう。

①教室で出迎える
　まだ子ども同士の人間関係もできていないでしょう。また，先生とのコミュニケーションも不足しています。そこで早めに教室に行って，元気なあいさつで子どもたちを迎えましょう。

②提出物の回収
　登校した子から，昨日配付した家庭環境調査票や保健調査票を出してもら

います。すぐにその場でチェックすると，後で回収するよりも手間がかかりません。

③朝の会

　教師がサポートしながら，昨日示した通りにやらせます。司会のやり方マニュアルを作成し，その通りにやらせるとよいでしょう。

④学級活動

　１時間目は学級活動です。昨日のうちに１分程度の自己紹介を考えてくることを宿題にしておきます。ここで再度，子どもの名前と顔を一致させることができるよう，しっかりと様子を見ておきましょう。また自己紹介の様子から課題のある子などをつかみましょう。

⑤入学式

　行事の趣旨をしっかりと説明し，よい態度で参加できるようにしましょう。担任にとっては，姿勢のよい子や話の聞き方のよい子を見つけるチャンスです。教室に戻ったら，そういう子をたくさんほめてあげましょう。

⑥身体測定

　身体測定も集団行動や礼儀を教えるチャンスです。測定してくれる職員に，気持ちのよいあいさつやお礼が言えるように指導しましょう。身体測定は終わるまでに時間差があるので，早く教室に戻った子への指示を忘れずに。

⑦清掃指導

　本格的な清掃が始まります。再度やり方やルールを確認します。清掃用具の使い方，清掃の仕方，きまりなどを確認し，それができているかチェックしましょう。清掃場所が複数にまたがる場合には，巡回指導を忘れずに。

3日目

1時間目	学級活動	どんな係が必要か話し合う 係の決定
2時間目	学級活動	係のメンバーや仕事を明記したカードの作成
3時間目	国語	授業開き　最初は楽しい内容で
4時間目	算数	簡単な問題に取り組ませ学習ルールを確認する
	給食・掃除・ 昼休み	教えたやり方ができているか確認する できていないことはその場でやり直しさせる
5時間目	学年集会	3年生の学年目標の確認 3年生の行事の紹介

①係活動を活性化させる

　3年生からは，今まで以上に子どもたちに係活動を任せ，学級活動を活性化させていきましょう。そのためには，まずは昨年の様子を聞きながら，どんな係が必要かを話し合っていきます。

　クラスをよりよくしたり，もっと楽しくしたりするために必要な係は何かと呼びかけ，様々考えさせましょう。当番と係の違いを教えていくのもよいでしょう。

　あまり子どもたちからアイデアが出ない場合は，本書などを参考に，教師から提案してみましょう。

②国語の授業開き

　その学年になってはじめての授業は，自分が一番自信のある教科で行いましょう。どの子も参加でき，楽しめるような内容が適しています。

　例えば，私は国語が好きなので，言葉あそびや漢字クイズなどをやるようにしています。単なるあそび，クイズではなく，国語っておもしろいなと思

ってもらえるような内容がよいでしょう。「授業開き」特集の雑誌，書籍を手に入れたり，ネット検索したりして，楽しそうだなという実践を真似してもよいでしょう。

③算数の授業開き

　楽しい内容で行う授業開きに続いては，ノートの使い方などを確認するような授業にも取り組みましょう。

　教科書，ノートなどの机上の配置，日付やページ数をノートのどこに書くのか，重要事項は赤線で囲むなど，実際に授業しながらルールを確認していきます。こうしたしつけを，早めに行うことで授業が安定します。

④給食・掃除・昼休み

　給食開始日は，特に注意が必要です。給食の乱れが学級の乱れにつながることが多いのです。配膳の約束が守られているか。静かに待つことができているか。おかわりなどで，自分勝手なルールを適用していないか。そんなことへの目配りが必要です。できていなければ優しく指摘し，やり直しさせます。そして，できている子を大いにほめましょう。それによりルールを定着させます。アレルギーの子にも注意しましょう。

　掃除も，やり方が身についている子を探し，帰りの会で何がよかったのか具体的にほめましょう。３年生くらいだと，「自分も」とやる気になる子が多いものです。

　昼休みは，子どもたちと一緒に遊びましょう。意外な姿を見ることができるなど，子どもの違った面を発見するチャンスです。

⑤学年集会

　集会の場所への移動は，集団行動練習のチャンスです。いつでも素早く静かに並べるようにしておきましょう。そのためには，うまくいかなかったときにやり直しができるよう，早めに廊下に並ぶように指示しましょう。

4日目

1時間目	学級活動	全体写真や個人写真を撮影する
2時間目	学級活動	個人目標を考え，カードに記入する
3時間目	国語	2年生で学習した漢字のテスト　音読チェック
4時間目	算数	計算を中心に2年生の学習内容のテスト
	給食・掃除・昼休み	当番活動のやり方が身についているか見守りながら確認する 遊んでいる子の様子を観察する
5時間目	社会	住んでいる市の様子などを話題にしながら，社会科の学習の概要を知らせる
6時間目	体育	並び方，集合の仕方など基本的なことを確認する

　最初の3日間は，慌ただしく過ぎていったことでしょう。しかし，この3日間でしっかりとルールづくりやしくみづくりを行っておけば，その後の学級運営をスムーズに進めることができます。ただし，こうしたことはすぐにできなくなっていくものです。気を緩めず，見守っていきましょう。

　学級全体の方向性を示すことはできたはずなので，今度は個々の目標を考えさせます。目標は，「何を」「いつまでに」「どのくらい」行うのかなど，具体的に達成できたかどうかがわかるものにさせます。また，その目標を書いた紙に個人写真を貼ったものを掲示しておくと，お互いの名前を早く覚えることができますし，他のクラスの担任に子どものことを説明する際に使うこともできます。

　学力面での調査も早めに行いましょう。前学年の計算や漢字などをテストし，基礎学力がどの程度身についているのかチェックしましょう。3年生からは社会や理科も始まります。早めにどんな教科かを教えてあげましょう。

5日目

1時間目	理科	理科の学習の概要　学習の進め方などを教える
2時間目	学級活動	1年生を迎える会の練習
3時間目	学級活動	学級レク
4時間目	国語	漢字練習の方法　音読のこつなど基本的なことを指導する
	給食・掃除・昼休み	当番活動のやり方が身についているか，見守りながら確認する 教室に残っている子，ひとりぼっちの子がいないか確認する
5時間目	算数	学習の流れを確認しながら授業を進める
6時間目	道徳	いじめについて考える

　1日の生活もだいぶ落ち着いてできるようになってくるころです。ここまでは，どうしても規律を身につけさせる指導が多くなります。そこで5日目には，クラス全員で楽しく遊ぶことができる学級レクなどを行うとよいでしょう。教師も子どもも，一緒になって大いに楽しみましょう。一緒に楽しく遊ぶことで，絆が深まっていきます。

　子ども同士をつなぐような取組も，5日目までに取り入れましょう。互いに協力しなければできないようなゲームや，授業における班活動の充実など，横の関わり合いを増やしていきます。

　保護者との関係づくりにも気を配っていきましょう。気になる子の場合，電話連絡したり，家庭訪問したりするなど，早めにつながっておきたいところです。

　いじめについては，早めに道徳等で触れ，絶対に許されないことだと強く伝えましょう。

（瀧澤　真）

「黒板メッセージ」 のアイデア

1　クイズを入れてドキドキ感をアップさせる

　始業式は，子どもたちにとって，ドキドキワクワクの1年で一番大切な日です。「だれとクラスになるのかな」「何組かな」「どんな先生かな」と，子どもたちの期待は高まります。そんな子どもたちとの出会いを演出するために，黒板メッセージにちょっとしたクイズを入れることをおすすめします。先生さがしのクイズです。子どもたちが担任の先生を予想できるように，ヒントに好きな色などを書いておき，その色を先生が何かしら身につけていたりすると，後で盛り上がります。

　このアイデアは，クイズの難易度を変えれば，3年生だけではなく，どの学年でも使えるのでおすすめです。

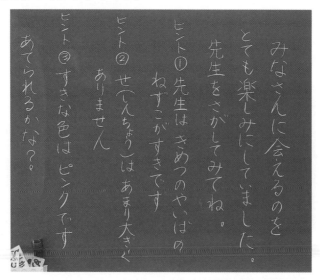

2　出会いの喜びを伝える歌を掲示する

　ドキドキしながら教室で先生の到着を待つ子どもたち。そんな子どもたちと顔を合わせ，声を合わせたいのが，『きみにあえてうれしい』の歌詞です。

　『きみにあえてうれしい』を何度も連呼することで，なんだか心が温かくなっていきます。

　この曲は，保育園や幼稚園で習ってきている子も多く，手話をつけて歌うこともできます。そこで，サビの部分だけでも手話を取り入れ，クラス全員で合わせて歌うことで，ほっこりとした学級開きを行うことができます。

　「これから1年よろしくね」の気持ちで，ペアのお友だちと顔を見合わせて歌うのもよいですね。

　事あるごとに歌う学級のテーマソングとしてもよいかもしれません。

　このアイデアも，どの学年でも使うことができるので，ぜひ試してみてください。

（上地真理子）

「教師の自己紹介」
のアイデア

1　得意なことを披露して子どもを惹きつける

　学校にも完全に慣れ，少し浮ついた雰囲気にもなりがちな３年生。「ギャングエイジ」と呼ばれ，自分と趣味嗜好が似ている子と仲良くなる反面，自分とは違う考えをもつ子を敬遠するようになることもあります。

　そこで，教師が得意なことを披露して子どもを惹きつけましょう。そして，自分に興味がないことでも，何かを突き詰めたり，挑戦したりしている姿はすばらしいことなんだということを伝えましょう。もしも余裕があるならば，子どもたちの得意なことを披露してもらったり，家で動画に撮ってもらったりすれば，みんなの得意なことを共有することができます。ちなみに私の得意なことはアート習字です（下写真。子どもの名前をアート習字で書き，そのまわりに子どもへのメッセージを書きます）。

2 漢字からイメージさせる

イメージする力を鍛えることは大切です。イメージする力をつける方法の１つに，漢字からイメージするトレーニングがあります。３年生くらいになると，日常で使える漢字の数が増えてきて，身の回りのものの多くを漢字で表せるようになります。

そこで，「漢字からイメージさせる自己紹介」を行います。例えば，先生が好きなスポーツが「野球」だったとしましょう。それを，漢字を使った形に表していきます。漢字と形という２つの情報から，子どもが先生の好きなものを当てていきます。

知っている漢字だけで表すのは限界があるので，習っていない漢字も使って，読み方を教えてあげることで，答えを導き出すことができるようにします。

野球の例（ピッチャーとバッターを漢字とその配置で表しています）

（渡邉　駿嗣）

学級開きを成功に導く　とっておきアイデア

「子ども同士の自己紹介」のアイデア

1　友だちのいいところを伝える

　３年生の子どもたちは友だちへの関心が高まり，相手のよさや得意なことにも興味をもてるようになってきます。そこで，２年生までの友だちとペアをつくり，お互いを紹介し合うことで，クラスの仲間にも個性を伝えていきましょう。

　仲間はずれができないように，ペアをつくるときには，子どもたちの考えを十分に受け止めます。２人組ができない場合には，３人組にしてローテーションで紹介し合うような形にするとトラブルを避けることができます。あらかじめノートなどに紹介文をまとめておくと安心です。

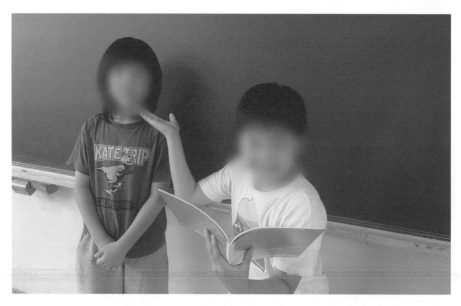

2 　宝物を教える

　子どもたちが持っているタブレットを上手に活用して，自己紹介のやり方を工夫していきましょう。写真で示したのは，自分の宝物をあらかじめ撮影しておいて，それをプロジェクタに投影させながら紹介する方法です。学校の実態によって，テレビに投影してもよいですし，タブレットを実際に見せながら紹介することも可能です。

　こういったやり方をすると，ペットや学校には持って来られないような宝物も，気軽に紹介することができます。ただ，ゲームやプライバシーに関わるような写真は不適切であることを，あらかじめ確認しておきましょう。

　自己紹介のやり方を予告し，宿題で画像を準備させます。必要に応じて，おたよりで保護者にも知らせておくと，適切な画像を撮る支援をしてもらえます。

（荒畑美貴子）

「学級通信第１号」のアイデア

１　まずは「自分が大切にしていきたいこと」を伝える

　「学校は見えにくい」と言われることがあります。そして，それが保護者と連携していく際の障壁となることも。そんな課題を解決し，教室と保護者との間に温かいつながりをデザインする手段の１つが学級通信です。

　学級通信第１号では，まずは自分のことや自分の思いを語ることから始めてみましょう。具体的には自己紹介や学年目標に込めた願い，学級開きでクラスの子どもたちに語ったことなどです。保護者に，担任がどのような思いを大切にして子どもたちと向き合っていこうとしているのかなどの文脈を知ってもらう機会はあまり多くありません。しかし，温かい信頼関係を築き，手を取り合って子どもたちの成長を支えていくためには共有しておきたい大切なことです。自分を大きく見せようとせず，自分の思いを素直に書いていくのがポイントです。

2　QRコードを活用して双方向的なものにする

　中学年の仲間入りを果たした３年生。子どもたちはきっと，新しい環境への期待と同時に不安も抱えているでしょう。そして，それは保護者も同様です。「学校でどんな生活を送っているのだろう」「笑顔で過ごせているかな」「新しい友だちはできたかな」と不安を抱えながら子どもを学校へ送り出す保護者は多いでしょう。そこでおすすめしたいのが学級通信でのQRコードの活用です。QRコードを活用すれば，動画で子どもたちの様子を伝えたり，成果物をまとめて配信してフィードバックをもらったり，Googleフォーム等のアンケートを使って保護者と対話したりすることが可能です。動画で伝えることで，子どもたちの様子や学級の雰囲気をより詳しく伝えることができます。成果物を配信しフィードバックをお願いすれば，授業での子どものモチベーションや成果物の質も上がります。Googleフォーム等で保護者と日頃から温かいコミュニケーションが取れれば，学校と保護者が手を取り合って子どもの成長を支えていくための土台を築くことができます。

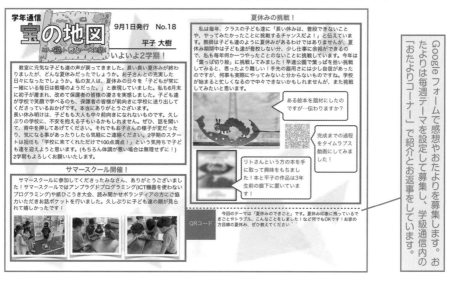

（平子　大樹）

「学級目標」のアイデア

1　学級目標を通信のタイトルにする

　学級目標とは，学級を１年間運営していく中で，価値の基準となる重要なものになります。一般企業であれば「企業理念」として，社員が会社としてどんなヴィジョンをもっているか共有することが大切だそうです。学級経営もまさに同様であると言えます。しかし，学級目標を作成しても，教師だけが満足していては意味がありません。子どもたちのものになってはじめて学級目標の真価が発揮されると言えるでしょう。そのためには，子どもたちが学級目標に愛着をもっている必要があると考えます。

　そこで，子どもたちが学級目標に愛着をもつアイデアを２つ紹介します。

　１つ目は，学級目標を学級通信のタイトルにすることです。心理学用語に「単純接触効果」というものがあります。これは，「接する機会が多いほどその人に好感を抱きやすくなる」というものです。対象は人間ですが，言葉やものに置き換えることも可能だと考えます。目につく機会を増やすことで，愛着を感じさせることをねらいました。

2　学級目標に子どもたちの写真を載せる

　2つ目は，子どもたちの写真を載せるという方法です。

　まず，学級目標のデザインに合わせて，自分が撮ってほしいポーズを子どもたちにとってもらい，写真を撮ります。ポーズは個人で決めても構いませんし，みんなで話し合って決めても構いません。写真は，ラミネートするなどすると，一部が剥がれたり，色褪せたりすることがありません。下の例のように自分の写真が載っていることで，より学級目標に愛着をもつことができると考えます。

　前ページでも学級目標に愛着をもつことが大切だと述べました。では，そもそもなぜ愛着をもつことが必要なのでしょうか。それは，子どもたちに学級への「所属感」をもたせることが重要だからです。所属感とは，「自分もこのクラスの中にいていいんだ」と感じられることです。

　もちろん学級目標に愛着をもてば所属感が高まるのかというと，そうではありません。ですが，学級目標に愛着をもち，学級として共通の価値をもって成長するという一連の行為が子どもたちの所属感を高めます。大切にしたい価値があまりにもバラバラだと，子どもたちは不安になってしまいます。だからこそ学級目標が大切になります。

　みなさんも学級目標にひと工夫入れてみるのはいかがでしょうか。

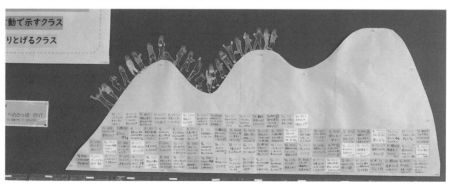

（篠原　諒伍）

生活指導のポイント

1　「持ち物」の指導のポイント

①持ち物への記名を徹底する

　ものを大切にする気持ちを育て，だれの持ち物なのかがきちんとわかるようにするために，持ち物に記名することを徹底させます。１年生で入学したときには一つひとつ記名をしてくださっていた保護者も，だんだんと意識が薄れてきます。学年だよりや学級通信，保護者会などで呼びかけ，保護者の協力を得るようにします。しかし，いろいろな家庭があり，なかなか協力が得られない場合もあります。記名されていない持ち物を見つけたときには，その場で書かせます。もし自分で書くのが難しい子がいた場合は，「先生が書いてあげるね」と丁寧に書いてあげると，子どもたちは喜びます。相手はまだ３年生です。温かな指導が基本になります。

②整理整頓

　何も指導をしないと，机の中がぐちゃぐちゃになってしまう子がたくさんいます。

　机の中のどこに何を入れたらよいのかということをイラストや写真で掲示しておきます。机の左側を「おとまりのへや」，右側を「おかえりのへや」と分類して，持ち物を収納させるようにします。

　「おとまりのへや」には，はさみやのり，セロテープ，ホッチキス，色鉛筆など，学校に置いておくものを入れます。ものが多く，「おとまりのへや」がいっぱいになってしまう場合には，お道具袋として小さな巾着袋を準備してもらいます。そこにセロテープやホッチキスなど，かさばるものを入れて，

机の横にかけるようにします。

「おかえりのへや」には，教科書やノートなど毎日持ち帰るものを入れるようにします。教科書やノートの大きさごとに分けて収納した方が取り出しやすいので，年度はじめに指導します。

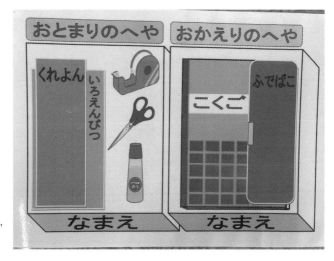

毎週金曜日の帰りの会の前後の時間に机の中を整理する時間を取るようにします。机の中身をすべて机上に出して整理し，先生に合格をもらった子から帰ることができるようにします。そうすると，次の週は机の中がきれいに整理整頓された状態でスタートすることができます。

整理整頓の苦手な子もいます。ガミガミ言うのではなく，その子と関わるチャンスだと思って，おしゃべりをしながら，一緒にやってあげるようにします。

③必要のないものは持って来ない

不要なものは学校に持って来ないということも，年度はじめに押さえておきます。ここをいい加減にしていると，自分の好きなものをどんどん持って来るようになり，「壊された」「なくなった」などのトラブルの原因になります。

入学時に学校から各家庭に配付される「入学のしおり」を教師がよく読んでおき，子どもたちが学校に持って来るものは何かを確認しておくことが大切です。教師の独自ルールになってしまわないようにするためです。

2 「朝の支度」の指導のポイント

登校してから朝の会までに終わせることを「モーニングルーティーン」として決めておきます。次のように，掲示物にまとめておくとよいでしょう。

> ・あいさつをして教室に入る。　・ランドセルの中身を机に移す。
> ・提出物・宿題を出す。　　　　・ランドセルをロッカーにしまう。
> ・先生に報告する。
> 「飯村先生おはようございます。
> 　モーニングルーティーンが終わりました」

最後に，報告に来てもらうところがポイントです。このときに一対一で関わることができます。ちょっとしたおしゃべりでコミュニケーションを取ることができるのです。

支度がゆっくりな子には，最初は手伝ってあげたり，友だちに手伝ってもらったりするようにして，少しずつ自分でできるようにしていけばよいでしょう。朝から「早くしなさい！」と叱るのではなく，基本はできている子をほめるようにします。

3 「あいさつ・返事」の指導のポイント

あいさつも返事も最初にポイントを示して，実際にみんなでやってみるとよいでしょう。

あいさつは，次のような折句で指導します。

> ⓐ…相手を見て　　　ⓘ…いつでも
> Ⓢ…先に　　　　　　ⓣ…つながる心をもって

「つ」は「ニコニコしているとつながりたくなるね」などと話します。

　返事は，「はい」の後に小さい「っ」が入る「はいっ」という返事がよい返事であると伝えます。

　あいさつや返事を隣の人やグループなどで実際に声を出して練習します。「気持ちがいいね」と，あいさつや返事をすることの心地よさを感じることができるようにします。

4　「後始末」の指導のポイント

　子どもは，何か活動をした後の後始末を忘れがちです。あれもこれもすべて指導していたのでは大変です。指導の基本は「一点突破，全面展開」です。

　まずは席を離れるときにいすをしまうということを徹底させます。１日に何度も機会があり，かつ教師の目が届きやすく，だれができていてだれができていないのか評価しやすいからです。いすをしまうことを徹底することで，他の後始末も忘れないでできるようにすることをねらいます。

　子どもに，なぜいすをしまうことが大切なのかを説明します。いすをしまうことで，人が通りやすくなります。いすをしまうという行為を通して，他者のことまで考えて行動ができる人になってもらいたいという願いを語ります。ただし，相手は３年生です。ユーモアを入れて楽しく指導していくことも大切です。「いすをしまい忘れる人は，トイレでも流し忘れてしまいます」などと話すと，子どもたちは楽しそうに話を聞いてくれます。いすをしまい忘れていると，「流し忘れているよ」と楽しい雰囲気でお互いに注意するようになります。

　また，掃除道具などみんなが共通で使うものの後始末もいい加減になりがちです。カーラーシールを，道具と道具をかける場所それぞれに貼るなどして，どこに何を片づけるのかがひと目でわかるようにしておくとよいでしょう。

学習指導のポイント

1　「話し方」の指導のポイント

　まずは，声を出す活動を多くして，声を出すことに慣れさせることが大切です。みんなで返事をしたり，音読をしたりして，声をどんどん出させていきます。量の確保です。声を出すことで，度胸をつけ，自信をもたせます。

　また，子どもたちが全体に向けて発言をするときには，何も指導をしないと，子どもは教師に向けて話そうとします。これでは，授業が教師対指名された子で進むような形になってしまいます。

　そこで，発言するときには，みんなの方を向いて話すように促します。具体的には，人が多い方に体を向けて話すようにするのです。そのように指導しても，教師に向けて話すというのはなかなか直りません。そこで，教師が立ち位置を変えるようにします。教師がずっと前にいるのではなく，発表する子の反対側に立つなどします。また，声が小さい子には，教師が教室の遠いところに立ち，「先生に声を届けるように話してごらん」と言い，聞こえたら「よく聞こえたよ。その大きさね」と指導します。子どもたちがみんなの方を向いて話すことに慣れてきたら，聞いている子一人ひとりと目を合わせながら話すように指導します。

2　「聞き方」の指導のポイント

　教室においての「聞く」は，耳から情報を取り入れていればよいというわけではありません。聞いているということが相手に伝わり，相手のことを大切に思っているということが伝わるように聞くことが大切です。

子どもたちに「『あなたの話を聞いているよ』『あなたのことを大切に思っているよ』ということが相手に伝わるように聞くには，どのように聞いたらよいかな？」と問いかけます。すると，子どもたちからは「うなずく」「笑顔で」「体を向ける」「手あそびをしない」などが出ます。出なければ教師が教えるようにします。出てきたものを「３年〇組聞き方のルール」のような形でまとめ，掲示物にします。

　そして，この聞き方のルールを使って，ペアになって交代で話を聞く練習をするのです。お題は「３年生で楽しみなこと」や「好きな動物ベスト３」など，話しやすいものにします。聞き方ルールで聞いてもらうよさをみんなに実感してもらうのです。

3　「道具の使い方」の指導のポイント

　１，２年生ですでに習ってきていることかもしれませんが，年度はじめに，改めて道具の使い方の指導をしていきます。

①教科書

　表紙をしっかりと折ります。教科書の表紙をよく見ると，ホッチキスの針でとめられていることがわかります。表紙をその針までしっかりと開くようにします。手のひらで押さえて，折り目をつけます。「手のひらでアイロンをかけるように折り目をつけます」と言うと，子どもたちにうまく伝わります。次に，裏表紙にも同じように折り目をつけます。その後，１ページ目，２ページ目…と10ページ目くらいまで折り目をつけます。最後に，真ん中にも折り目をつけます。これで，机の上に置いてもきちんと開いて安定します。これをしておかないと，ページの内側の文字が見えにくくなってしまうので，最初にやるようにします。

　教科書を音読するときには，教科書を両手で持ち，高さは目線まで持ち上げるようにします。すると，声を前に飛ばすことができるようになります。

②プリント類

　プリント類は，配られたらすぐに名前を書くという約束にしておきます。自分のものであるという意識をもたせ，ものを大切にするという気持ちを育てます。持ち主不明のプリントが教室に落ちているということがなくなります。名前を書く欄がないプリントの場合には，左上に必ず名前を書くという約束にしておきます。そうすると，どこに書いてあるのかを探さなくても済みます。

③鉛筆

　書写の教科書の最初のページに鉛筆の持ち方と書く姿勢が載っています。これを活用して，最初に指導します。このページを拡大コピーして掲示し，どの時間でも繰り返し指導できるようにしておくとよいでしょう。

4　「習字」の指導のポイント

　3年生から習字の学習が始まります。

　多くの子どもたちにとって，習字ははじめての経験です。

　最初の授業では，準備の仕方，道具の使い方，後片づけの仕方などを教えることになります。こちらが思っているよりも一つひとつに時間がかかるものです。余裕をもって2時間続きでやるとよいでしょう。

　まず，準備です。どんなに注意していても，墨汁をこぼしてしまう子はいるものです。事前に机の横にかかっている赤白帽子や巾着袋，いすにつけている防災頭巾は外しておくようにします。

　服装も，汚れてもよい服にするとか体操服にするなど，事前に指導が必要です。

　道具を出す前に，机のどこに何を置くのかを写真で撮ったものを画面に映して確認します。

　その後，一つひとつの道具の使い方を教えていきます。

そして，渦巻きを書くことを通して，「筆を立てる」という一番大事なことを教えます。次の手順で行います。

1　半紙いっぱいにできるだけ多くの渦巻きを書く。
　（線同士がぶつかってはいけない）
2　何個書けたか確認し，多く書けた子にコツを聞く。
　（「筆を立てる」ということが出てくる。出なければ教師が教える）
3　筆を立てて渦巻きを書く。
　（筆を立てると細い線が書けるので，たくさん書けるようになっている）

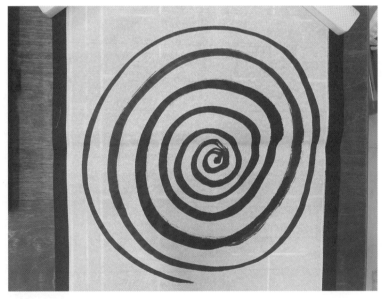

　次の時間に筆が斜めになってしまう子がいた場合は，「渦巻きの筆！」と声をかけると，筆を立てて書くようになります。
　後片づけも時間をかけて指導しましょう。

（飯村　友和）

「教室環境」づくり

1　成長の足跡を残していく

　教室は，子どもたちにとって大切な「居場所」です。その居場所に，自分たちの成長を振り返ることができるように，出来事を綴った短冊，思い出の写真などを残していきます。また，子どもたちと共有した言葉なども掲示しておきます。4月から少しずつ増えていき，学級の歴史を感じることができます。写真や言葉など，目に見える形で残すことで，子どもたちは振り返りやすくなります。

2 日替わり掲示物をつくる

　掲示物には，常設や長い期間掲示しておくものもありますが，日替わりで変更するのが効果的なものがあります。また，掲示物をただ見るだけではなく，子どもたちも参加させることで，子どもたちにとってより意味ある掲示になっていきます。

　写真は，子どもたちが参加できるゲーム性を取り入れた日替わり掲示です。「た○○」の○に入る文字を考えます。写真の下には，名前と答えを書く紙が用意されています。例えば，「友田（名前）　たいこ」のように記入します。子どもたちは，友だちが何を書いたのか気になり，掲示物に目を向けていきます。時には，「ラッキー賞」として教師と同じ言葉を思いついた人や，「ファーストペンギン賞」として最初に答えた人をお祝いすると，より掲示物への関心が高まります。日替わり掲示は，子どもたちが掲示物へ目を向けていくきっかけになります。

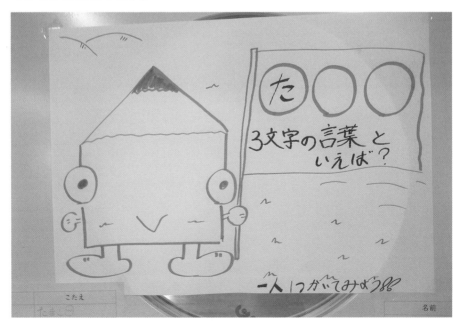

3 「レベルアッププロジェクト」と連動する

　「今週は掃除をがんばろう」など，目標を設定することがあると思います。ただ，どうなったら目標達成か，基準を明確にしておかないと目標を立てるだけで，子どもたちの成長につながらないことがあります。

　そこで，「レベルアッププロジェクト」として，学級で話し合って具体的な目標を決めます。帰りの会でその日の達成状況を振り返ります。その際，例えば3名までは目標を達成できていなくても，その日は達成とします（達成基準を全員にしてしまうと，できない子を責めたり，様々な背景を抱えた子に対応しにくくなったりします）。そして，3日連続で達成できたらその目標はクリアとなり，教室に掲示します。可視化することで，「最近，着ベルができていないけど，もう達成したのだから私たちはできるはず」など，子どもたちが振り返ることにつながります。また，達成した項目が増えていくことは，学級の成長を表しており，増えていくたびに拍手が起ります。

4　子どもたちとともに教室環境をデザインする

　教室環境を整えるのは，子どもたちが「安心・安全」に生活し，学級に「居場所」を感じるためです。教室環境も，「教師がデザインするもの」という考えから，「子どもたちとデザインするもの」へとマインドセットを転換していきます。

　4月の段階で子どもたちに「掲示したいもの，教室環境を変えたいところがあったら提案してね」と話します。そうすると，会社（係）活動で作成したイラストや折り紙などを掲示する会社が出てきます。左下の写真は，折り紙会社が七夕のときに模造紙に笹飾りをかき，学級のみんなに短冊に願いを書いてもらって掲示したものです。右下の写真は，お祝い会社が「誕生日の子を中心に学級写真を撮り，飾りたい」と提案してくれ，掲示しているものです。このように，子どもたちとともに教室環境をデザインしていきます。

「日直」のシステムづくり

1　ワクワクドキドキする内容の仕事にする

　日直の仕事と言えば，号令，朝の会の司会，黒板消しなどが多いのではないでしょうか。しかし，忘れてしまう子どもや，嫌々取り組む子どももいます。そこで，上の仕事は1人1役として他の子の仕事とし，日直はワクワクドキドキし，「やりたい」と子どもたちが楽しみになる仕事にします。

　例えば，帰りの会で「今日のMVP」を選出してMVPシールを進呈したり，次の日の日直をくじで選出したりします。さらに，帰りのあいさつとじゃんけんも担当し，みんなが笑顔で帰宅できるようにします。

今日はぼく・私が担当します！

1　スピーチをする（昼の会）

2　今日のMVPを決める

3　次の日直をくじで決める

4　帰りのあいさつ・じゃんけんをする

2　スピーチで自分のことを知ってもらう

スピーチタイムは，自分のことを学級のみんなに知ってもらえる日直の特権です。

１人１台端末が支給されたので，家にある宝物などを写真で撮ってきて，紹介することが可能になりました。PC のスライドなどを使いながら宝物などを紹介することで，自分のことを知ってもらうよい機会になります。スピーチの後には，「質問タイム」を設けます。自分のことに興味をもってもらえるのはうれしいことです。

慣れてくると，子どもたちからスピーチテーマを募集したり，サイコロを振ってテーマを決めたりすることで，よりワクワクドキドキする時間になります。

これは，私が実際に
使っている
サッカーボールです。
いつも練習のときに
使っています！
お気に入りで，
私の友だちでも
あります。

「朝の会・帰りの会」
のシステムづくり

1　子どもが関わり合い，お互いを知る時間を設定する

　子どもたち同士が関わり合い，お互いのことを知る時間を設定します。まずは，あいさつです。朝の会の司会の人とあいさつをした後，１分程度で全員とあいさつをします。教室中を歩き回り，全員とあいさつをします。次に，「雑談タイム」です。約束としては，決められた時間（２分程度）ペアの子と話をすることです。話す内容は，「好きなあそび」など自由です。子どもたちには名簿を渡し，話した内容を簡単にメモさせます。そして，１か月くらいをかけて全員と雑談を行っていきます。

2 内容はシンプルにする

　私は，朝の会は授業への準備の時間，帰りの会は１日を振り返り次の日へ
つなげる時間，と位置づけています。長時間ダラダラと行い，１時間目に食
い込んだり，下校時刻が遅くなったりすることは避けたいところです。

　内容は，下図のようにシンプルです。余った時間で，「雑談タイム」を行
ったり，ミニゲームを行ったりして，子どもたち同士の関係を深め，学級が
安心できる居場所になるようにします。

　なお，帰りの会が始まるまでの準備時間が長くなりがちなので，「１　帰
りの準備，２　トイレ，３　お手伝い」など優先順位を示します。また，
「帰りの歌」を流し，音楽が終わるまでに準備を終えるように促します。

> **朝の会**
> 1　あいさつ
> 2　健康観察
> 3　Ｅタイム
> 4　係からのお知らせ
> 5　先生の話
>
> **帰りの会**
> 1　一日の振り返り
> 2　今日のきらり
> 3　係からのお知らせ
> 4　先生の話
> 5　あいさつ

「給食当番」のシステムづくり

1　目的を確認して，成長の場にする

　給食当番は，何のために子どもたちが行うのでしょうか。答えは様々あると思いますが，「なんとなく」「学校で決まっているから」といった答えでは，子どもたちの成長は期待できません。

　給食当番は，子どもたちが成長する機会です。感謝や思いやりの心を育んだり，責任をもって働く大切さを学んだりする最適な場です。まずは，「いただきます」や「ごちそうさま」のあいさつの由来を子どもたちと考えます。次に，給食準備をどのように行っていくか考えます。すると，「温かいうちに食べられるように早く準備する」などの意見が出てきます。写真は，食べる人の利き腕などを考えて食器の置き方を整えている様子です。

2 役割を明確にする

前ページのような話をすると，多くの子が「給食当番をやりたい」とやる気をもって取り組みます。その様子を価値づけていきます。自分たちで仕事を見つけて取り組めるようになってほしいですが，年度当初は，だれが何の仕事を中心で行うのかを明確にしておきます。

下の給食当番表を活用します。クラスをA，B，Cの3チームに分けています。左端の「当番」「運ぶ」「HELP」は1週間ごとに変わります。下の「大缶」「中缶」などの仕事内容は，3チームが当番を経験すると右に1つずれて役割が変わる仕組みになっています。Aチームが当番のときには，Bチームは運ぶ専門となって各席に届けます。CチームはAチームの当番やBチームが運ぶのをフォローします。つまり，当番となっているAチームだけではなく，学級全員で給食の準備を行います。

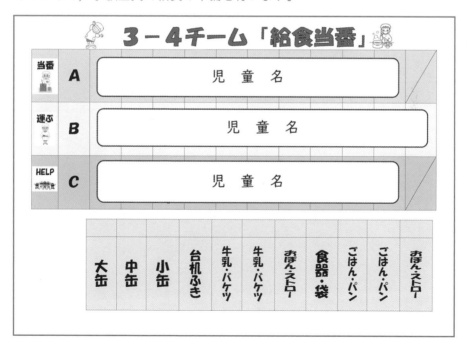

3　準備時間を計測する

　4時間目の終わりの号令と同時に，ストップウォッチのスタートボタンを押し，「いただきます」までの時間を計測します。時間は，子どもたちにとってわかりやすい基準になります。少しでも準備時間を短くしようと，着替えや食缶を運ぶことなどを急ぐようになります。新記録が出れば子どもたちは大いに喜び，さらに速くしたいというやる気にもつながります。

　ただ，時間を短くすることが目的ではないことを教師は意識しておくことが大切です。準備時間を短くするためには協力することが大事であるということを子どもたちに気づかせます。写真は，おかずをよそう子が少しでも速く，丁寧に行えるように，向かって右の子がお皿を渡しています。こうして左の子はおかずをよそうことに専念し，短時間で行うことができます。このような場面を写真に撮り，紹介することで，学級全体に広げていきます。

4 感謝の心を育む

　給食準備の目的を確認し，取り組む中で子どもたちの心が育まれていくと，様々な形で「感謝の心」を表現するようになってきます。

　例えば，残菜を残さないように学級で協力して食べたり，食器を返すときに丁寧にそろえたりするようになります。ある子は，お玉についた汁をティッシュで拭き取り，トレーに片づけていました。「どうしたの？」と尋ねると，「きれいに片づけることで，感謝の気持ちを届けようと思って」と教えてくれました。写真は，学期末の様子です。「いつもおいしい給食をつくってくださった先生に，お手紙を書きました」と見せてくれました（給食ワゴンに貼っていました）。給食準備を通して，働くことの大切さを感じたり，感謝の心が育まれたりするなど，子どもたちの成長が見られます。

「掃除当番」のシステムづくり

1　掃除の合言葉を話し合う

　何も指導をしなければ，子どもたちにとって掃除時間はあそび時間になってしまいがちです。また，15分間の掃除時間があるとして，1分も経つと「掃除が終わりました」などと胸を張って伝えてくる子もいます。そこで，1学期のはじめに，学級でどんな姿を目指すか話し合い，全員で合言葉を考えます。

　下の「あかちゃんがハイハイできるくらいていねいに」は，私の学級で決まった合言葉です。合言葉があることで，「掃除時間は終わったけど，この状態で赤ちゃんがハイハイすると，ごみまみれになってしまう」など，振り返ることもできます。

　合言葉を作成する活動を通して，子どもたちと掃除でどんな姿を目指すかなどを共有しておくことが大切です。

あかちゃんが
ハイハイできるくらい
ていねいに！！

2 子どものよさを見つけ，全体に広げる

　私は，掃除当番は1か月程度変更しません。毎週掃除場所が変わっていると，掃除の手順などを確認している間に時間が過ぎてしまうからです。掃除は，自分磨きです。担当した掃除場所，役割などを子どもたち自身が「できるようになった」と達成感をもったうえで交代することで，「教室でできるようになったから，今度はトイレでもできるように」など，レベルアップしていく気持ちにつながると考えています。

　また，子どもたちの掃除の様子を，「ちゃんとやっているかなぁ」と見回るのではなく，よさを見つけるようにします。下の写真のように，ドアのレールの隅など目につきにくいところにも目を向け，黙々と掃除に取り組んでいる様子などを写真に撮り，その後学級で紹介します。よさを紹介することで，学級全体に広げていきます。

3　掃除道具を整える

　春休み中に，担当の掃除場所を見回ります。子どもたちに伝える掃除の手順などを考えるとともに，掃除道具を確認します。すると，ロッカー中に使わなくなった雑巾が置かれていたり，ほうきの毛先がボロボロになっていたりすることがあります。このような掃除道具では，子どもたちも「やろう」という気持ちになりにくいです。ほうきの毛先を取り替えたり，必要な道具を準備したりします。そして，使った掃除道具を大切に片づけることができるように，下の写真のように掃除ロッカーの中に片づけ方の写真を掲示したり，どこに何を置けばよいかカラーテープで目印をつけたりします。

　また，学級に「必殺掃除道具」として，汚れ落とし消しゴム，シール剥がし，クレンザーなどを用意しておきます。

4 教師が先頭に立って掃除に取り組む

　教師が，「掃除は自分磨き」「丁寧に掃除をしよう」などといくら呼びかけても，教師自身は掃除時間に子どものノートを見ていたり，職員室で仕事をしていたりすると，子どもたちには響きません。

　そこで，教師が先頭に立って掃除に取り組む姿を見せていきます。私の学校では，１時20分から掃除が始まります。私は，15分くらいから１人で掃除を始めます。すると，写真のように子どもたちも後に続いていきます。一緒に掃除をしながら，床の拭き方などの掃除のポイントを伝えていきます。掃除の様子を見回る際にも，ほうきや雑巾を持って行き，「丁寧にやっているね。ありがとう」と子どもたちの姿を認めながら，少しの時間でも一緒に取り組みます。教師が姿で見せるからこそ，子どもたちにも響きます。

「係活動」 のシステムづくり

1　1人1役で,「私の仕事」にする

　私は,子どもたちに1人1役で仕事を与えています。学級という集団の中でみんなのために仕事を行うことを通して,「この仕事で私はクラスの役に立っている」というやりがいを感じてほしいと考えているからです。

　1日の学級生活を細分化して考え,1人1役をつくっています。1学期は教師が仕事内容を伝えたりサポートをしたりしますが,学年末に向かうにつれて子どもたちだけで学級が機能することを目指します。学期ごとに子どもたちとどんな仕事があったらよいか話し合い,アップデートしていきます。

朝の会の管理・朝の会のリーダー		次の日の時間割	
帰りの会の司会・あいさつ		次の日の時間割（宿題・持って来るもの）	
ロッカー・水筒		今日の予定・日付	
PC・電子黒板・窓リーダー		宿題プリント	
窓・電気リーダー		宿題プリント	
Eタイム・健康観察		図書・給食台の準備・片づけ	
音読カード		給食机ふき・下校前の確認（いすと机）	
1・2・3時間目号令		道徳・くつそろえ	
4・5・6時間目号令		音楽・体育リーダー	
スピーチリーダー		理科・体育リーダー	
きらっとコーナー		国語・体育リーダー	
黒板		算数・体育リーダー	
黒板		社会・体育リーダー	
黒板		外国語活動・図工・書写	
黒板		ミッション・レベルアッププロジェクト	
お手紙・プリント		掃除道具の整理・反省会	
学級委員		学級委員	

2 子どものよさを学級全体に広げる

　前ページで紹介した１人１役のシステムで活動を行うと，１人ずつが違う仕事を行っているために，友だちの仕事の様子は目に入りにくくなります。

　そこで，朝の会などの教師の話で取り上げたり，学級通信などで活動の様子を紹介したりすることで，ある子のよさやがんばりを学級全体に広げていきます。友だちのがんばりを知ることで，「わたしもがんばろう！」というやる気につながっていきます。

　１人１役の係活動は，当番活動に近いものですが，当番活動は「やらないといけない」ものと，マイナスなイメージをもってしまいがちです。しかし，一人ひとりが責任をもって役割を果たすことで，学級がスムーズに運営されるとともに，人のために自分の力が役立つ気持ちよさを感じる場にもなります。自分の役割をこなすだけではなく，自分から「やろう」と思えるような子を育てていくきっかけとなるような係活動にしていきたいものです。

根っこ

〇△小学校
第３学年４組学級物語
令和☆年皐月（５月）12日
ザリガニの日　No.24

ぼく・私の仕事〜自覚〜

　学級には，「一人一役」があります。この「一人一役」への取り組み方に，大きな変化が出てきています。「やらないといけない仕事」というレベルから，「ぼく・私の仕事」として「自覚」を持ち，「どうしたら，みんなのためになるか『創造』する姿」に，レベルアップしてきています。

　■■■さんは，楽しみながら学級力を高める取組を行うリーダーです。「着ベル」を学級のみんなが達成できるようになってくると，「あいさつをさらに進化させたい」と次の目標を考え，みんなに呼びかける準備をしていました。

　写真は，■■■くんです。掃除リーダーとして，掃除時間の変更を呼びかけたり，時間を見つけて掃除カードをまとめたりする姿が見られました。

　■■■くんは，算数リーダーです。算数の授業前には授業内容を聞きに来て，授業を引っ張ってくれています。

　「嫌々やる仕事」から，一人ずつが「ぼく・私の仕事」として「自覚」を持ち，楽しみながら取り組む姿がうれしいです。

3　得意なことで学級に貢献させる

　1人1役とは別に，「会社活動」も行います。「会社活動」は，自分の得意なことや興味のあることで，学級をよりハッピーにする活動です。子どもたちに趣旨を説明した後に，どんな活動があるとよいか案を出させ，決めていきます。1人1役は学期ごとに変更しますが，会社活動は年間を通して同じものに取り組みます。

　どの学級でも，人前で話すことが苦手な子や，学級に所属感をもてない子がいると思います。得意なことで学級をよりハッピーにする会社活動を通して，そういった子たちも，自信をもったり，仲間とのつながりを深めたりすることができます。

　例えば，友だちとつながることに苦手意識をもっていた子がいました。その子は，イラストをかくことが得意でした。得意なイラストをかき，学級のみんなにプレゼントする活動を行うことで友だちとつながり，学級に居場所を見つけることができました。

子どもたちが考えた「会社活動」

- レクレーション会社　・クイズ会社
- お祝い会社（誕生日）　・新聞会社
- イラスト会社　・ランキング会社
- 生き物会社　・音楽会社　・お笑い会社
- ダンス会社　・PC会社　・本紹介会社
- 折り紙会社　・写真会社　・なぞなぞ会社
- インタビュー会社　・遊び会社　　など

4　活動を発表する機会を設ける

　会社活動は，学級のみんなに活動を披露したり，参加してもらったりする機会がないと盛り上がりません。日常的には休けい時間や帰りの会などで活動をしていますが，発表会を開催します（私の愛称が「トマト先生」なので，私の学級では「トマト会」と呼んでいます）。発表会は，すべての会社の活動を披露したり，みんなに参加してもらったりする時間です。全員がコーナーを担当するので，「自分たちが会をつくる」という意識が高まり，大きな達成感にもつながります。「どうやったらみんなを楽しませることができるか」を考えることで，より活動が盛り上がっていきます。

　会に向けて，準備の時間などは提供します。会社活動の大きな障害になるのが，準備時間や話し合いの場がないことです。朝の会の後などに会社活動の話し合いの時間を設定することで，活動が活性化していきます。

（友田　真）

自分のことを何でも話そう！

グッドニュース

時間 | 10分

準備物 | なし

ねらい

　簡単なテーマで語り合うことを通して，仲間がどんなことに興味があるのかを知り合う。

1.ルールを理解する

　4人グループをつくって輪になってください。今から「グッドニュース」をします。この24時間で一番うれしかったことをグループの中で話してください。話し終わったら，話した人の正面の人が感想を短く言います。

2.1周目を行う

　実際にやってみます。時間は5分間。4人全員話してほしいので，長く話す必要はありません。感想も短くていいですよ。

昨日の晩ご飯のおかずが，大好きな唐揚げでうれしかったです。これが私のグッドニュースです。

> うまくいくコツ
> 話し方に戸惑う様子が見られたら，「最後は必ず，『これがわたしのグッドニュースです』とつけてね」などと話型を示すと抵抗感が減る。

3.テーマを変えて2周目を行う

 では，2周目をしましょう。テーマを変えます。次のテーマは「この24時間でびっくりしたこと」です。ルールは同じです。では，始めましょう。

 今日，朝登校するときに校庭の桜が咲いていました。びっくりしました。

 ぼくも見つけました！　もうすぐ満開になりそうです。きれいに咲くといいなぁ。

 これからも友だちとたくさんお話ししていきましょう！

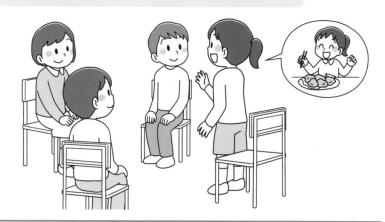

＼　ポイント　／

上手に話せない子に無理に話させる必要はありません。やわらかく温かい，話しやすい雰囲気をつくることが目的です。

輪になって心をつなごう！

サイレント・サークル

🕐 時間　**10分**　📝 準備物　なし

ねらい

声を出さずに教師の「命令」通りに並ぶという活動を通して，一体感を醸成する。

1.ルールを理解する

 今から「サイレント・サークル」をします。「サイレント」とは「静かに」，「サークル」は「輪」という意味です。先生が今から命令を出すので，その順番で「輪」になって並んでください。ただし，絶対にしゃべってはいけませんよ。

2.練習を兼ねて1回行う

 では，実際にやってみましょう。「命令」の後，先生がパチンと手を叩いたら絶対にしゃべってはいけません。制限時間は2分です。いきますよ。命令，名簿順に並べ！

 （6番なんだけど，どうやって伝えたらいいかな？）

3. 結果とルールを確認する

 はい，時間です！
では確かめますよ。

 （名簿順に自分の番号を言う）大成功です！

 やり方で質問はありますか？

 言葉はだめだけど，ジェスチャーはいいですか？

 いいですよ。使ってだめなのは言葉だけです。
自分の体はどんどん使ってくださいね。

4. 「命令」を変えて再度行う

 今度は3分です。
命令，4月から誕生日が早い順に並べ！

 やった！　成功したよ！
○○さんと誕生日が近いってはじめてわかったし，楽しかった！

＼ プラスα ／

円をつくらないパターンとして，「春夏秋冬の中で一番好きなものが
同じ人で集まれ！」などもできます。春なら，桜を表現する子や花見を
表現する子など動きのバリエーションが増えておもしろくなります。

アイスブレイク，仲間づくりの学級あそび

まずはお互いを知り合おう！

くっつき自己紹介

| 時間 | 5分 | 準備物 | なし |

ねらい

仲間の自己紹介に続けて自分の自己紹介をする活動を通して，より多くの仲間のことを知り，一体感をもつ。

1. ルールを理解する

今から「くっつき自己紹介」をします。
ルールは簡単です。
前の人の自己紹介にくっつけて自分の自己紹介をしてください。

どういうこと…？

ちょっとやってみましょう。まず先生が自己紹介をしますね。
私は，ハンバーグが好きな○○先生です。よろしくお願いします。
次の人は，例えば「ぼくは，ハンバーグが好きな○○先生の隣の，
サッカーが好きな△△です」というふうに続けます。

わかった！
だから「くっつき自己紹介」なんだね。

2. 本番を行う

では，実際にやってみましょう。じゃあ，6人グループで円になっ
て，どんどん隣に進んでいきましょう。忘れちゃったらそこでスト
ップして，また最初から始めますよ。

最初だから簡単だね。私は，ピアノが得意な□□です。
よろしくお願いします！

えーっと，○○さんが好きなのは，何だったっけ…？
忘れちゃった！

ストップ！　たくさんくっつきましたね。

ピアノが得意な
□□さんの隣の…

＼ ポイント ／

　最初は，「好きなもの」などでテーマを統一して始めると難易度が下
がります。慣れてきたら，「得意」「マイブーム」などから自分で選んで
自己紹介させると難易度が上がり，おもしろくなります。

空気を読んで成功させよう！
カウントダウン

 時間 **10分**　 準備物 **なし**

相手の様子をうかがいながらタイミングよく数字を言い合う活動を通して，スリルや一体感，達成感を味わう。

1. ルールを理解する

今日，このクラスには26人いますね。これから「カウントダウン」というゲームをしましょう。まず全員が立ちます。先生がパチンと手をたたいたらスタートです。だれからでもいいので，「26です！」と言います。そこから「25です！」「24です！」とカウントダウンを始めます。数字を言えた人は席に座ります。同時に言ったら失敗です。数字以外のことを話してもだめです。5回のうちに成功できるかな？

2. 1回目に挑戦する

1回目に挑戦しましょう。まわりは見ないようにしてください。いきますよ，パチン！

（2人同時に）20です！　あっ，重なっちゃった！

3. チャレンジを続ける

 では，2回目に挑戦しましょう。今度は，まわりを見てもいいですよ。でも，話してはいけません。では，いきますよ。パチン！

 （○○さんは，さっき20を言ったから今度も早めに言いそうだな）

 （後になるとプレッシャーだから早めに言った方がよさそう…）

 1です！　やったー！

 すごい！　見事クリアしましたね。みんなで協力し合って心を1つにした結果です。お見事でした！

\ プラスα /

慣れてきたら「前の人が言ってから10秒以内に言う」というルールを加えます。格段に難易度は上がりますが成功時の感動も倍増します。

手をつないで心をつなごう！

手心伝心

 時間　5分　 準備物　●ストップウォッチ

ねらい

全員で時間短縮という目標に向かってがんばる活動を通して，クラスの一体感を味わう。

1.ルールを理解する

今から「手心伝心」というゲームをします。まず全員で大きな円を描くように立ってください。隣の人といつでも手をつなげるようにします。ただし，まだつなぎませんよ。そして，目をつぶります。先生が「スタート！」と言ったら，最初の人から右隣の人の左手を握ります。手を握られた人は，また右隣の人と手をつなぎます。握ったら目を開けていいです。そうやって手をつないでいって，最後の人は手をつながれたらすぐに右手をあげます。このクラス全員が手をつなぐのに何秒かかるでしょうか。

2.1回目に挑戦する

1回目に挑戦しましょう。いきますよ。よーい，スタート！

あっ，手をつながれた！

ただいまの記録は…，12.4秒でした！
次は今の記録より縮められるかな？

3. 2回目に挑戦する

 では，2回目に挑戦しましょう。よーい，スタート！

 （手をつながれたら，すぐに自分もつなぐぞ！）

 （今，どのあたりかな？　さっきよりも速いといいな）

 ただいまの記録は…，11.2秒でした！
すごい！　見事に記録更新です。今度は10秒を切れるかな？

＼　プラスα　／

　チャレンジの途中で，作戦タイムと称して並び方や握り方を相談させても盛り上がります。30人学級で10秒を切ったら好タイムです。

アイスブレイク，仲間づくりの学級あそび

全員の注文を聞き取ろう！

ご注文は？

 時間　10分　 準備物　なし

ねらい

小グループで対戦して競い合うあそびを通して，グループ内の一体感を高める。

1. ルールを理解する

4人グループをつくりましょう（チーム数が偶数になるように1チームの人数を調整する）。今から「ご注文は？」というゲームをします。チーム対抗戦です。まず，片方のチームが「お客さん」です。もう片方のチームが「店員さん」です。「お客さん」チームは，「店員さん」チームに「ご注文は？」と聞かれたら，全員同時に好きなレストランのメニューを言います。「店員さん」チームは協力して注文を全部聞き取ってください。聞き取った注文の数が得点です。

2. ゲームを行う

1回戦です。店員さんチームは声をそろえて「ご注文は？」と聞いてくださいね。せーの！

ご注文は？

ラーメン！

ハンバーグ！

オムライス！

からあげ！

ラーメンとハンバーグは聞き取れたよ。

オムライスも言っていたよね。あと１つがわからない〜。

わかったのは，ラーメン，ハンバーグ，オムライスの３つで，あと
１つがわかりませんでした。

３つ聞き取れたので３ポイント獲得です。あと１つは何だったの？

からあげです！

そっかー，残念！

では，立場を交代しましょう。

（野澤　諭史）

\ プラスα /

注文ではなくなりますが，「学校の先生の名前」「好きな教科」など
様々なテーマで楽しめます。

5月の
学級経営の
ポイント

1 GWに入る前に1か月の 学級経営を振り返る

　GWを楽しみにしているのは，子どもたちだけではありません。教師も楽しみにしています。「とりあえず，何とかGWまでに学級の基盤をつくる」と心に決めておくとよいでしょう。学級担任は1年勝負です。持ち上がることもありますが，それも確定ではありません。1年間を常に全力で駆け抜ける気力が必要です。とはいえ，うまく力を抜く，休むことも必要です。「GWまで，夏休みまで，秋の連休まで，冬休みまで，春休みまで」と，「とりあえずここまでがんばればひと息つける」と心に決めることをおすすめします。その1回目が「GWまで」です。

　始業式からの約1か月，学級や子どもたちの様子はどうでしょうか。最初に思い描いていたようになっていることの方が稀です。なかなか思うようにいかないのが実際です。それで構いません。GWに入る前の少し心に余裕のある時期に，自分の学級経営を振り返っておきましょう。そして，5月以降の戦略を練り直します。4月当初と大きく変わっても大丈夫です。フレキシブルに考えましょう。

2 行事も学級経営の一環 と考える

　5月に運動会を実施する学校もありますし，遠足や集会など学年や全校で行う行事も増える時期です。経験が浅い先生は，授業をするだけで精一杯で，行事が苦手な方もいるかもしれません。「自分のクラスの様子を見られたくない」，正確に言えば「自分のクラスのできていない様子を見られたくない」と思ってしまうかもしれません。行事と学級経営，そして授業を分けて考えていると，そのような考えになりがちです。

　そこで，行事も学級経営の一環と考えましょう。「運動会までにみんなが前向きに発言できる学級にしたいな」と行事後の姿を思い描きます。これが大切で，教師のぶれない指導を生みます。そして，練習中や教室での話，学年全体での話などで，前向きな発言ができるようになる話題を取り上げていきます。

　そして，できていないところがあっても，決して焦ってはいけません。「まだ5月」なのです。先輩の学級と比べて落ち込むこともあるでしょう。しかし，先輩方も試行錯誤しながら学級経営をしています。

3 授業で学級経営を行う　イメージをもつ

　行事が学級経営上大切であることを述べました。そして，授業も学級経営上大切にしていかなくてはなりません。むしろ，よりよい学級経営の核は，よりよい授業。つまり，授業で学級経営を行うのです。

　学級経営に生きる授業をするには，「全員参加」が必要です。「全員発表より，全員参加」です。全員発表を目指すことがよいとされる傾向にあるようですが，学級の中には，発表が苦手な子どももいます。しかし，発表ができなくても，授業に参加することは可能です。

　次項から，どの子も活躍できる授業参観ネタを掲載しています。参観だけでなく，普段の授業でも生かしてみてください。

4 「穏やかさを保つ」こと　を意識する

　行事に授業，生徒指導，そしてよりよい学級経営…。本当に忙しい毎日です。忙し過ぎて，子どもたちにキツくあたる。そのような先生を見たり，自分自身がそうなってしまう可能性もあります。しかし，教師に必要な能力の１つに「穏やかさを保つ」ことがあります。子どもたちにとって，大人はそこにいるだけで，ある程度怖い存在です。怖いから言うことを聞くことも多々あります。よりよい学級経営をし，子どもたち一人ひとりの力を伸ばすには，教師の穏やかさが必要なのです。「穏やかさを保つ」ことは，意識すればできるようになります。例えば本書で毎月の準備を整えることでも保つことはできます。

（松森　靖行）

5月

GW明けの
チェックポイント

生活面	□連絡帳や宿題等の提出物が，教師の指示通りにきちんとそろえて出されている □健康観察のとき，元気のよい返事をすることができる □掃除や給食などの当番活動を決められた手順で行うことができる □ほとんどの子が学級のルールに従って行動できる
学習面	□ノートに丁寧に字を書くことができる □授業開始時刻を全員が守ることができる □宿題を忘れず提出することができる □教師や友だちの方を向いて話を聞くことができる □前学年のことを口にせず，現在の学習の仕方に集中して取り組んでいる
対人面	□教師があいさつをしたら，大きな声であいさつが返ってくる □だれとペアやグループになっても，不服そうな表情を見せる子がいない □ペアやグループになったとき，全員が自分の意見を言うことができる □人の好き嫌いで，行動に差をつけることがない □困っている子に声をかけることができる

1 生活面

　学級がスタートし，約１か月で迎えたゴールデンウイーク。休み中に，学級目標や規律の意識化が薄れたり，ルールを忘れてしまったりする子が出てきます。また，教師や学級に不満や不安を抱き，前向きな気持ちで登校できない子が出てくる可能性もあります。ここでは，子どもたちの心の状態を理解したうえで，全体でルールを再確認したり，ルールを意識できている子の行動を認め，全体に広げていったりします。

2 学習面

　４月の授業が，「わかる・できる・楽しい」を感じられるものであったなら，ゴールデンウイーク明けでも子どもの意欲や学習態度は変わりません。もしそうでなければ，前学年のことを口にするなど，何かしら授業に対する不満のサインが表れます。

　まずは，自身の授業を子ども目線で振り返ってみましょう。子どもにとって授業がわかりやすく，おもしろいものになっているかどうかを分析するのです。学習意欲は学級経営の中でも大きな影響を与えるので，課題が見つかったら早めの修正を行いましょう。

3 対人面

　人は，集団の中に心理的安全が保障され，帰属意識がもてると，心が安定して人間関係を広げることができます。失敗やルールの逸脱行為があっても，おおらかに対応することができます。これまでの教師対子ども，または子ども同士のリレーションの構築具合を分析し，不十分であると判断したら，構成的グループエンカウンターやゲーム的活動を取り入れて，人間関係づくりを再度行っていきましょう。

（岡山県公立小学校教員）

春の運動会
指導ポイント＆
活動アイデア

1　指導ポイント

☑ 態度面でも低学年からの成長を見せられるようにする

> 春の段階で「休め，気をつけ，礼」の基本的な動きをしっかりマスターして低学年からの成長を見せられるようにする。

☑ 見通しをもって練習に向かえるようにする

> いつまでに何ができるようになればよいのか，ゴールを設定することで，見通しをもって練習に向かえるようにする。

☑ 観戦マナーを考えさせる

> みんなが気持ちのよい応援態度や声かけを考えさせることで，中学年としてのマナーを身につける機会とする。

☑ 全身を大きく使った演技が披露できるようにする

> 団体演技では，体を大きく使った動きを取り入れることで，かわいかった低学年からの成長を見てもらえるようにする。

☑ まわりの人への感謝の思いをもてるようにする

> たくさんの人に支えられてがんばることができているということを感じることができる機会にする。

2 活動アイデア

①集団行動の様子を相互評価させる

　開会式や閉会式，全体で並ぶ場面では，その「様」がよくわかります。学年ごとに並んでいることから，学年の雰囲気もなんとなく伝わってくるものです。また，団体演技前後で，ぴしっと姿勢よく立っている姿を見せるだけでも，中学年としての成長を感じてもらうことができます。

　この春の運動会の段階で，基本的な動きである「休め，気をつけ，礼」をマスターしておくことは，今後の体育や校外学習においても大切な力になります。ただし，それが「やらされている」集団行動では長続きはしません。

　ここでは，コンテスト形式を取り入れて，楽しく行ってみましょう。グループごとに，「休め，気をつけ，礼」の一連の動きを練習して披露し，互いに採点し合います。どんな行動が美しいのか，かっこいいのかを考えられる時間となるでしょう。その姿をビデオで撮影しておき，みんなで見返すのもよいですね。

②練習計画を提示・共有する

　「今日の練習，何するの？」は，よく子どもから出てくる言葉です。運動場に集合してはじめて今日の練習内容を知るということもあり，それでは子どもたちも練習に全力で向かうことはできません。事前に今日の見通しをもち，自分ががんばりたいことを決めて練習に臨んでほしいものです。

　そのために，運動会練習がスタートする時期に，今後の計画を子どもたちに提示しておきます。いつ団体演技の練習があるのか，どの場面の練習をするのか，いつ全体練習があるのかなど，計画を提示することで，子どもたちの「この日までに自主練習をしておこう」「団体演技の作戦を考えておこう」といった前向きな気持ちをつくることにつながります。

　また，学年通信などを通じて保護者の方にもお知らせしておくことで，体操服の準備やお茶の用意もしていただきやすくなります。おうちで団体演技の練習にもおつき合いいただけるかもしれません。

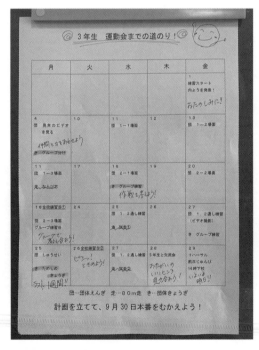

③お世話になっている方に招待状を出す

　運動会は日頃見てもらえない活動を多くの方々に見ていただくチャンスです。成長した姿を見せることが一番の恩返しでもあります。図画工作などの時間を活用して，おうちの方や普段会えない祖父母，お世話になっている地域の方々に招待状をつくってみましょう。

　ただ日時を記すだけでは味気ない招待状になってしまうので，世界で１つのオリジナルの招待状をつくりましょう。そのために，次のような内容を入れてみてはどうでしょうか。

・これまでの練習の過程を伝える（練習の様子，苦労，成長）。

・自分の出番や演技位置などを記す。

・本番の見どころや，この運動会にかける思いを伝える。

　このように，招待状を見るとつい運動会に行きたくなるような情報を詰め込みます。また，差出人の写真やメッセージなども入れると，思いはより伝わることでしょう。見どころ紹介動画を撮影して，学校ホームページ上で見てもらうのもよいですね。

（垣内　幸太）

国語

目指せ！質問名人

1 授業の課題

友だちからたくさんの話を引き出せる「質問名人」になるためのコツを考えましょう。

2 授業のねらい

ペアやグループで「質問のコツ」を楽しく考えることを通して，自分が知りたいことを相手に質問することができるようになる。

3 授業展開

①教師のスピーチを聞く

教師自身の体験や好きなことなどをスピーチします。

「私は，アヒルを飼っています。毎朝，えさが欲しくてガーガーと鳴いています。えさを持って行くと，近寄って来るのがとてもかわいいです」

スピーチ後は，「もっと知りたいことはないかな？」と問いかけ，質問したい気持ちを高め，相手からたくさんの話を引き出せる「質問名人」になるためのコツを見つけるというめあてを共有します。

②ペアで「質問名人」になるためのコツを話し合う

　ペアで話し合い，見つけたコツを「…べし！」という形でワークシートに書いていきます。その際，わざと話し手が伝えたいことではない内容の質問を提示することで，伝えたいことを考えながら話を聞くことも意識させます。

T　こんな質問はどうかな？　「先生は朝何を食べますか？」

C　それは先生が話したいこととは違うんじゃない？

T　ということは，先生が話したいことも考えながら，話を聞くこともコツの１つになりそうだね。他にも「質問のコツ」を見つけてみましょう。

C　どうしてアヒルを飼うことになったのかな？

C　家族が生き物を好きなのかな？

C　「どうして」って言葉もいいね！

C　聞きたいことがたくさんあるから，忘れないように書いておくといいね。

C　じゃあ，「聞きたいことを書いておくべし！」だね。

③見つけたコツを整理し，質問する

　学級で共有する際には，たくさんあるコツを，「使うとよい言葉」「話の聞き方」などとまとめるとわかりやすくなります。見つけたコツを使い，教師に対して質問し，質問することの楽しさを実感できたら，ペアでもやってみます。ここでは，話型やテーマをいくつか示したり，過去に書いた日記を使ったりして，話し手の抵抗感を軽減するとよいでしょう。また，授業参観なので見に来ている保護者の方にスピーチする役をお願いしても楽しいです。質問した相手にひと言感想とありがとうを伝えることも意識させます。

C　私は，昨日公園で遊びました。楽しかったです。

C　だれと遊んだのですか？

C　友だち５人です。

C　何をして遊びましたか？（どんどん続ける）

C　コツを４つも使ったよ！　質問するっておもしろい。

（手島　知美）

算数

みんな笑顔になる 分け方を考えよう！

1　授業の課題

> 12個のクッキーを
> 3人で分けます。

2　授業のねらい

「不平等な分け方」と，「平等な分け方」を比較することを通して，わり算の意味を理解する。

3　授業展開

①どうして表情が変わったのかを考える

1枚目の絵を提示すると「12個のクッキーを3人で仲良く分ける場面」だと子どもは考えます。つまり，わり算の等分除の場面だと考えるのです。そこで表情が一変した右の絵を提示します（クッキーは隠します）。

T　どうして３人の表情が変わったのかな？

C　同じ数ずつ分けてもらえなかったからだよ。

C　右の子は怒っているから，一番少なかったのかも…。

C　真ん中の子は笑顔だから，一番多くもらったのかも…。

②３人の表情を読み取り，12個のブロックを分ける

　３人の表情を読み取り，右の
例のように，ブロックを使って
不平等な分け方を多様に表現さ
せます。

③みんなが笑顔になる分け方を考える

　12個のブロックを不平等に分けた後，次のように教師が断定し，子どもを
揺さぶります。

> 12個のクッキーを３人で仲良く分けることはできませんね。

C　仲良く分けられるよ！　みんなが笑顔になる分け方があるよ。

C　３人に４個ずつ分けるといいよ。

C　１人分が４個だったら，４×３＝12だからいけるよ！

　このように「不平等な分け方」と「平等な分け方」を比較することで，等
分除の意味が明確になります。等分除の場面が具体的に理解できた後に，わ
り算の意味と表現の仕方を指導します。

（新城　喬之）

社会

地図記号を楽しく学ぼう！

1 授業の課題

> 友だちやおうちの人とペアになってじゃんけんをして，「この地図記号は○○ですね？」と尋ねたり，「そうですね」とうなずいて認めたりするワークをしましょう。

2 授業のねらい

「じゃんけんぽん＆うなずき」のワークで地図記号の名称や形を楽しく学びながら，互いの信頼関係を深める。

3 授業展開

①友だちとペアを組んでワークを始める

はじめに，学校や神社など，今までに学んだ地図記号の形と名称をフラッシュカードで唱えます。続いて，子どもたちにノートと鉛筆を用意させ，ペアで向かい合って座るように指示します。

T　はじめにじゃんけんをします。勝った人はノートに知っている地図記号の形をかきます。できたところで地図記号を指差し「この地図記号は○○ですね？」と尋ねます。負けた人は，地図記号を見たら，相手

の人に「そうですね」と言いながらゆっくりうなずきましょう。もし違っているときは，優しく教えてあげてください。地図記号は1回ずつしか使えません。では，同じペアで3分間のワークを始めます。

C　　じゃんけん，ポン！
C1　勝った！（ノートに地図記号をかく）
C1　（記号を指差しながら）この地図記号は郵便局ですね？
C2　（相手の顔を見てゆっくりとうなずきながら）そうですね。
C　　じゃんけん，ポン！

②ペアを替えてワークを3分間続ける

　席を移動してペアを替えます。じゃんけんの勝ち負けでノートの地図記号の数は異なります。そこで，学級の雰囲気を温かくする場面をつくります。

T　はい，そこまで。では，ノートにいくつ地図記号がかけたか聞きますよ。
T　0個？　1個？　2個？
C　はい。
T　（数が一番少ない子どもの場面で止める）一番数が少なかった○○さんにどんな声をかけようか？
C　たくさんうなずいてくれてありがとう！

③新しい地図記号を考え，ワークをする

　保護者も交えて新しい地図記号を5分間で1つつくりましょう（保護者用の紙と鉛筆を用意しておきます）。例として街で見かける「回転ずし屋」を示

します。この後のワークは，保護者の方も参加します。1回行ったらペアを変えます。時間は5分間です。最後は，新しい地図記号の紹介タイムを保護者も含めて行うと，楽しい時間が共有できます。

（柳沼　孝一）

自分の体の動かし方を知ろう！

1 授業の課題

> 動物の動きやだるまさんが転んだゲームを通して，自分の体の動かし方を知り，正しく，素早く，かっこよく動けるように工夫しましょう。

2 授業のねらい

動きのコツを学級全体で共有しながら，よりよい（正しく，素早く，かっこよく）体の動かし方を考え，運動に取り組むことができるようになる。

3 授業展開

①動物の動きを知る

4つの動物の動きを知り，まずは取り組んでみます。よい動きをしている子どもを紹介し，みんなでよりよい動きについて考え，かっこいい動物の動きを追究しながら取り組みます。

T　今から，「うさぎ」「くま」「あざらし」「くも」の動きを紹介します。
では，「うさぎ」の動きをかっこよくやってみましょう。

T　今，「うさぎ」の動きをやってみて，Aさんの動きがとってもかっこよかったけれど，どこがよかったと思いますか？

C　手が遠くについていてよかったよ。

C　お尻が高く上がって，うさぎみたいな動きになっていてかっこよかった。

C　「手，足，手，足」と太鼓のリズムに合わせて動けていて，真似したい
　　と思った。

【あざらし】　　【くま】　　　【うさぎ】　　　【くも】

②他の動物の動きを行った後，動物リレーを行う

　「くま」「あざらし」「くも」も，「うさぎ」と同様によりよい動き方を考え，
取り組みます。最後に，これらの身につけた動きを生かして，リレーをしま
す。4人チームをつくり，それぞれが，4つの動きから選択してリレーをし
ます。

T　では，これまで身につけた4つの動物の動きでリレーをします。4人い
　　たら，Aがうさぎ，Bがくま，Cがくも，Dがあざらしのように，4
　　人それぞれ別の動きを選んでください。だれが何の動きを担当するのか，
　　順番も自分たちで考えてください。では，作戦タイム開始！

C　B君は，あざらしの動きが速いから，あざらしでいいと思うよ。

C　私はくまの動きが得意だから，くまでもいいかな？

C　くまとうさぎは速く走れるから，先にこの2つをもってこようよ。

③身につけた動物の動きで，「だるまさんが転んだ」を行う

　最後に，身につけたよりよい動きを活用して，楽しみながら「だるまさん
が転んだ」を行います。「うさぎさんが転んだ」と言われたら，うさぎの動
きで，「くまさんが転んだ」と言われたらくまの動きで行い，活動を楽しま
せます。

（今井　茂樹）

6月の
学級経営の
ポイント

1 少し厳しめに自分の学級を 観察する

「魔の6月」という言葉を一度は聞いたことがあるでしょう。どんなに学級経営がうまくいっていても，6月には崩壊の危機に陥る危険性があるということです。「学級崩壊」と聞くと嫌な気持ちになります。しかし，「6月からが本番。これから大きく成長させるぞ」という意味で6月を捉えてはどうでしょうか。「あの人なら絶対大丈夫」という学級や教師は存在しません。どの教師も実はギリギリで学級経営をしています。つまり，6月はどの学級でも崩壊の危険性が他の月より高まるということです。

5月までにある程度安定した学級ができているのならば，少し厳しめに自分の学級を観察する必要があります。できているところばかりを見るのではなく，できていないことに焦点を当てるのです。辛いことかもしれませんが，6月には必要なことです。もし，全体的にうまくいっていないなと思えたら，今の状況と自分なりの解決策を用意します。そして，学年の先生方などに相談するとよいでしょう。

2 毎日の活動に ひと工夫を加える

日々繰り返される授業。安定してくると，子どもたちは楽しそうに授業を受けていることでしょう。しかし，毎日同じような授業だと，子どもたちも飽きてしまいます。毎日ランチに行くとして，「たまには違う定食にしようかな」と思うのが人間の心理です。毎日同じ活動になると「そろそろ違う活動をしたい」「もっと違うこともしたいな」と思う子どもたちが増えます。

例えば，国語の場合，授業の最初に音読をすることが多いですが，同じ教材で毎日同じように音読を繰り返すとしたら，退屈している子どもたちの様子が目に浮かぶでしょう。そこで，音読をペアでしたり，タイムを測ったり，おもしろい読み方でしたりと「ひと工夫」を加えてみます。すると，子どもたちは「あれっ？　なんだかおもしろいことをしてるな！」と再び，授業に興味をもち始めます。4月から行うのではなく，「魔の6月」と呼ばれるこの時期から始めてみることも1つの方法です。

3 保護者ともう一度 つながる

5月の上旬までに，すべての保護者と家庭訪問でつながれたと思います（最近は，家庭訪問はなく，自宅確認だけで，個人懇談の学校もあります）。保護者の反応は様々ですが，6月中にもう一度つながることが大切です。例えば「よいこと手紙」を保護者に向けて書きます。1日に3人程度ずつ，小さめの付箋にその子たちのよいことを書いておきます。子どもたちがいないときに書いておき，子どもたちが登校したら連絡帳に貼ります。保護者からの反応は様々です。反応を期待するのではなく，あくまで保護者とつながることに重点を置きましょう。

4 雨の中での過ごし方を 徹底する

梅雨の時期になります。雨のときの校内や教室での過ごし方から学級の成長具合が見えます。雨の日の過ごし方のポイントは「自分たちで安全に過ごせる」「けがをしない」ということです。雨の日でも，担任は職員室に行くことや出張もあるでしょう。常に教室に担任がいることが理想ですが，難しいときもあります。雨の日の過ごし方のルールや雨の日の室内あそび，レクなどを担任から伝えたり，考えさせたりしてもよいでしょう。この本には，雨の日を楽しく過ごせるアイデアも掲載されています。ぜひ，自分なりにアレンジして学級経営に生かしてください。

（松森　靖行）

6月

●●様
お世話になっております。
○○さんの授業中の発言には，
光るものがあります。
○○さんの発言で授業が
より活気づくことが
たくさんあります。
ご家庭でもほめてくださいね。
　　　　担任　松森靖行

「魔の6月」の チェックポイント

生活面	□再度学級のルールを確認し，短冊に書いて掲示するなど視覚化を図っている □朝の会で服装や持ち物などの点検を行っている □帰りの会で教室の整理整頓をする時間を1分間取っている □係や当番の仕事の評価や改善をする時間を定期的に取っている
学習面	□授業のはじめに，前時の既習内容の3択クイズを行うなど，全員が参加できる課題を取り入れている □フラッシュカードを用いてリズムよく全員に問題を答えさせている □指示や説明の際，全員の目が教師に向いてから話し始めるようにしている □指示した後の評価を必ず入れるようにしている
対人面	□不適切な行動については端的に注意し，必要以上に時間を取らないようにしている □よい行いを取り上げて全体に紹介し，それを広めるように心がけている □休み時間にトイレや保健室をのぞき，教室に入りたがらない子がいないかどうか確認している □トラブルがあったら何がいけなかったのかを考えさせ，互いに納得したうえで反省させている

1 生活面

　集団に対する安心感が薄れると,「よりよい集団をつくりたい」という意欲も弱くなり, 集団を支えるためのルールに価値を見いだせなくなってきます。すると, 自分勝手な振るまいや, そのときの感情に任せた不適切な行動に走る子が出てきます。そのようなことにならないために, 再度, ルールの意義, その具体的内容, 守られないときの対応などを全体で確認し, ルールの意識づけを行います。こうやって, 集団に対する安心感が保たれるようにします。

2 学習面

　不適切な行為をする子どもに対応するあまり, 授業が停滞したり, 学校行事や学習進度が気になって, 今までよりもテンポアップして授業を進めたりしていると, 真面目に取り組んでいる子どもの満足度が低下してしまいます。注意することばかりではなく, 真面目に学習に取り組んでいる子どもをほめ, 個々に達成感をもてるような場面を増やし, 子どもたちを成長マインドに導いていきましょう。

3 対人面

　対人関係において不適切な行動を取る子に教師が必要以上にかまうと, その行動が強化され, その子が集団から疎外されたり, 自分にも注目をしてほしい他の子が同じような行動を取ったりします。こうなると, 学級内の規律が意識されなくなり, 子どもたち同士のトラブルが頻繁に起こるようになります。そうならないために, 不適切な行為は端的に短く注意するくらいにとどめ, 学級目標や規律を意識して行動している子をほめ, その行為を全体に広めるようにします。

（岡山県公立小学校教員）

6 June

教室を楽しく彩ろう！
マド・アート・プロジェクト

🕐 時間 **10分**

✏️ 準備物 ●折り紙　●ペン　●色鉛筆

 ねらい

折り紙で季節のテーマに合わせた折り紙やイラストを窓に飾る活動を通して，雨の日の楽しみ方を知る。

1. 内容を理解する

 今から「マド・アート」をします。先生が折り紙を渡します。「雨の日」をテーマに折り紙を折ったり，イラストをかいたりしてください。

 何だか楽しそうだね。

> **うまくいくコツ**
> テーマに合ったものがつくれるように，ペア活動にしてもよい。

 何をつくろうかな…。

2. 子どもがつくりたいものをつくる

 では，やってみましょう。何をつくったらいいかわからない人は，友だちと相談したり，タブレットで調べたりしてもいいですよ。

 よし，ぼくはカエルを折ろう！

3. でき上がったものを，窓に貼っていく

 できあがった人は，後ろにテープをつけて窓に貼りつけましょう。
高くて届かないところは，先生が貼るので持って来てください。

 よし，カエルができたぞ！

 私は，傘をつくったよ。

 ぼくは折り紙が苦手だから絵をかいたよ。

 つくったものを窓に貼れるって楽しいね！

 たくさんのすてきな作品ができましたね！

\ ポイント /

折り紙が苦手な子どもは，折り紙の裏にイラストをかいて切り取って貼ってよいことにすると，全員が参加しやすくなります。

6 June

じゃんけんで友だちと以心伝心！
チーズバーガーじゃんけん

 時間	5分	 準備物	なし

ねらい

じゃんけんで３つの手をそろえる活動を通して，手と頭を活性化したり，できあがったときの達成感を味わったりする。

1.ルールを理解する

 今から「チーズバーガーじゃんけん」をします。３人組でじゃんけんをします。グーが「ハンバーグ」，チョキが「チーズ」，パーが「パン」です。「チーズバーガーじゃんけん，じゃんけん，ポン！」のかけ声でどれかを出します。グーとチョキとパーが１つずつだったら成功で「いただきま〜す！」と大きな声で言います。そろわなかったら「ざんね〜ん！」と大きな声で言いましょう。

2.練習を兼ねて２，３回行う

 では，実際にやってみます。せーの！

 チーズバーガーじゃんけん，じゃんけん，ポン！

 ざんね〜ん！　ハンバーグがなかった〜！

いただきま～す！ やったー！

3. 制限時間内にいくつ食べられるか（何ポイントか）を競う

 では，ここからが本番です。
3分間に何個ハンバーガーが食べられるでしょうか。

 よし，たくさん食べるぞ～！

 チームでたくさん食べられるよう協力してね。

 時間です。いくつ食べられたかな。
1個のグループ？（以後，個数を確認していく）

 たくさん食べられたよ！

```
＼ プラスα ／
```
活動に慣れてきたら，そろわなかったときに，ないものを「○○がな
～い！」と声をそろえて言うと盛り上がります。

雨の日も楽しめる教室・体育館あそび

雨の日は頭に汗をかこう！

ペアで見つけま SHOW

時間 **5分**

準備物

●ワークシート　●国語辞典
●タイマー

ねらい

部首に数画を足して別の漢字を見つける活動を通して，頭を活性化させたり，協力することのよさを味わったりする。

1.ルールを理解する

今から「ペアで見つけま SHOW」をやります。今から先生がワークシート（ のマス）を配りますから，後ろの人に回してください。真ん中のマスに「口」という漢字を書いてください。他の4つのマスには，この漢字に2画たして別の漢字を書きます。

2.練習用ワークシートでやってみる

では，練習をやってみましょう。4つ考えればいいだけなので，どのくらいでできたかをタイマーで計ります。終わったら，何秒かかったかを確認して，ワークシートに書きましょう。

少しでも早く終わるようにがんばるぞ！

3. 3×3マスをペアで行う

では，ここからが本番です。新しいプリントを配るので，回してください。今度は，8つ考えてください。ペアで行います。
ペアでやるので，さっき考えた漢字とは違う漢字を考えてください。
友だちと協力するのがポイントですよ！

えーっ！　急に難しくなった〜。

難しい方が燃えるから，協力してがんばろうよ！

それでは，協力して取り組みましょう。
よーい，スタート！

＼　ポイント　／
　協力してやることで，子どもたちの人間関係の構築が期待できるので，協力を促す声かけをしっかりするとよいでしょう。

チームの力を高めよう！
HOOP で知恵の輪

 時間 **10分**

 準備物
●フラフープ
●紅白帽

ねらい

　手をつないでフラフープを回していく活動を通して，少し難しい課題を協力しながら解決する楽しさを味わう。

1. ルールを理解する

今から「HOOP で知恵の輪」をします。3チームに分かれて，輪になって手をつなぎます。その手にフラフープをかけるので，全員の手を離さずにフラフープを1周させたらゴールです。
途中で手が離れてしまったらやり直しです。

2. 練習を行う

では，実際にやってみましょう。輪になってください。フラフープを最初にかけられた人は，帽子を赤にします。まずは練習で1周させてみましょう。それではいきます。よーい，スタート！

これ結構難しいよ！

もっと，フラフープをくぐるように動くと早くなるよ。

3. チーム対抗で本番を行う

 では，ここから本番です。今度は競争です。どのチームが一番早く1周できるでしょうか。それではいきます。よーい，スタート！

 がんばれ〜！

 焦るとなかなかうまくいかない！

 どのチームも上手ですよ！ その調子です。ファイト！

 やったー，うまくいったぞー！ ゴール！

（久下 亘）

＼ プラスα ／

　動きに慣れてきたら，時計回りと反時計回りの2周をセットにしてやってみると，さらに難しくなり盛り上がります。

7月の
学級経営の
ポイント

1 学期末の仕事を
日常の仕事と位置づけ直す

　前・後期の2学期制の学校もありますが，1・2・3学期の3学期制の学校では，成績処理に追われる時期です。普段の授業や学級経営，生徒指導と同時に，成績処理を行わなくてはなりません。働き方改革が叫ばれてはいますが，勤務時間内ではなかなか終わらない仕事量です。そこで，成績処理を7月の仕事ではなく日常の仕事として位置づけます。

　以下のような仕事術を身につけておきましょう。

・テストの採点は，その時間に終わらせる。採点・返却・成績記入・直しまでを効率的に行う。

・簡単な子どもの観察記録をつけておく。所見はその記録を見て少しずつ作成する。

・テストの点で評価をする場合は，点数を表計算ソフトにその都度記入しておく。

・先輩に過去の所見文を見せていただいておく（よい表現を真似したい場合は，事前に断っておく）。

・図画工作などの作品は，画像に残しておき，余裕のあるうちに評価をする。

2 保護者も担任も
子どもの伴走者と心得る

　夏休み前後に，保護者面談を行う学校が多いでしょう。保護者面談は，担任が保護者にダメ出しをする場ではありません。4月からの成長，日常の様子，友だちとの関係，授業での様子を伝えます。そのとき，よいことを中心に伝えます。改善すべき点は，よいこととよいことの間に挟んで伝える「サンドイッチ話法」で伝えます。その子の改善すべき点を伝えることも必要ですが，「文句」にならないよう注意が必要です。面談の最初からその子の悪いところばかり伝えると，保護者は肩を落として帰ることになります。我が子の欠点は，保護者にもわかっています。「こんなこと言われるんだろうな…」と予想しています。だからこそ，担任の発言で余計に落ち込ませてしまうのは避けたいものです。

　保護者と担任は，子どもたちの成長をともに願う「伴走者」です。担任は，子どもたちの長所や輝いていた言動を伝えます。写真や作品，授業ノートを実際に見せてもよいでしょう。改善すべき点は，「もっとよくなるところ」として伝えましょう。

3 子どもたちの「学びやすさ」を確保する

　夏休みに入るまでにどこまで授業を進めておくのかを考え，見通しをもって授業をすることが大切です。しかし，学校は授業だけではありません。イレギュラーなこともたくさんあります。また，授業は計画通りにいかないことがほとんどだと思っておきましょう。「余裕をもって計画を立てておきましょう」と言われることが多いですが，授業は子どもたちの様子を観察し，予定変更をしながら進めるものです。子どもたちの様子を見て，場合によっては，思いきって9月以降に回すことも必要です。大切なのは，「進める」ことではなく，子どもたちの「学びやすさ」です。

4 9月以降に希望をもたせて夏休みに入る

　いよいよ楽しい夏休みです。子どもたちの夏休みの過ごし方には，7月の学校での過ごし方が関わってきます。4月からの学習や生活を「反省」することも大切ですが，9月からに「希望」をもたせる振り返りにしましょう。学級全体では，4月からの様子を振り返り，ともに成長できたことを喜び合います。できていないところは，「9月からがんばること」として，黒板などに残しておくとよいでしょう。お楽しみ会などをして，「この学級にいてよかったな」と思えるようにすることも大切です。子どもたちが希望をもって夏休みに入れるような工夫をしましょう。

（松森　靖行）

1学期の振り返り

1　学級づくり

　3年生の1学期は，全員が当たり前のことを当たり前にできるように，根気強く指導していくことが大切です。一方的に押しつけるのではなく，一つひとつ，なぜそれが大切かを丁寧に語ります。また，「できていることを見逃さずにほめる」「言うべきことは毅然として言う」「ありのままを認める言葉かけをたくさんする」「教師も自己開示して思いや願いを丁寧に語る」といったことが意識できたでしょうか。そして，クラスの土台となる安心感を築けたでしょうか。夏休み前に振り返り，2学期の構想を考えておきましょう。以上を踏まえて，次のような視点で1学期を振り返ってみましょう。

□友だちの間違いや失敗を温かく受け止められるようになったか。
□あいさつや返事をしっかりとできるようになったか。
□休み時間と授業時間の切り替えができるようになったか。
□先生の方を向いて，話を聞くことができるようになったか。
□ロッカー，お道具箱，机の横の整理整頓ができるようになったか。
□給食は時間内に準備・片づけができるようになったか。
□掃除は，教師が見ていなくてもきちんとできるようになったか。
□日直や1人1役の当番を，責任をもってできるようになったか。
□朝の学習は，教師がいなくても集中して取り組めるようになったか。
□教室移動は静かにできるようになったか。
□教師はルールについて趣意を丁寧に語ったか。

2　授業づくり

　3年生の1学期は，新しい教科も始まり，学習意欲が高い子どもが多い一方で，友だちの話を聞くよりも自分の意見を言いたい気持ちが強く，最後まで黙って聞くことができない子どももいます。まずは，「話し手より聞き手を育てる」という意識をもって，「聞くこと」の指導を丁寧に行いましょう。

　授業中のルールは，最初に最低限のことはそろえましょう。教師が楽をするためや見映えのためではなく，子どもの力を引き出すためのルールであることを伝えるのが大切です。また，全員参加の授業にするために，適度な緊張感があり，テンポがよい授業づくりを意識しましょう。以上を踏まえて，次のような視点で1学期を振り返ってみましょう。

□友だちの発表を最後まで黙って聞くことができるようになったか。
□みんなの方を向き，全員に聞こえる声で発表ができるようになったか。
□ペアやグループで全員が話せるようになったか。
□ノートを決まったフォーマットで，丁寧に書けるようになったか。
□1人1台端末を指示通りに使うことができるようになったか。
□挙手をできる子どもが多くなったか。
　（意見を言う子どもが固定されていないか）
□教師は子どもの発表を余計な復唱をせずに聞くことができたか。
□教師は空白の時間をつくらず，テンポのよい授業を行ったか。

（溝口　健介）

保護者面談のポイント

1　事前準備に力を入れる

①机のレイアウトを整える

　レイアウト1つで面談の雰囲気が変わります。基本的に下のように保護者と教師が斜めの場所に座る形がおすすめです。正面で向き合わないので身体的な距離を保ちつつも心理的な距離は遠くならず，緊張感が和らいだよい雰囲気で行うことができます。

Ⅱ字型で斜めに座る形

L字型で斜めに座る形

②時計を置く

　互いに時間を調整したうえで面談を実施しています。会社を抜け出して来校している保護者もいらっしゃいますから，時間は絶対に守ります。遅れれば次の保護者や同僚に迷惑がかかり，多方面からの信頼が損なわれます。信頼を得るはずの面談でそのようになっては本末転倒です。時計を保護者にも見えるところに配置し，両者が時間を意識できるようにします。

③情報の整理

　保護者が知りたいことは，「学力・授業の様子」「友人関係・休み時間の様

子」「我が子のよさ・課題」の３つです。普段からこの３つについてメモし，情報が足りなければ早めに子どもをよく観察したり，振り返りのアンケートを行ったりして把握しましょう。成績表の他に，子どもが活動している写真も用意します。百聞は一見にしかず。イメージしやすく説得力が増します。

2 保護者の関心に応じて面談の重点を変える

　面談は，①家での様子，②学力や授業の様子，③友だち関係・休み時間の様子，④その他（学校へのお願いなど）の流れで行います。保護者の話を聞くことを大切にして，教師は保護者が一番聞きたいことを中心に話します。いわゆる「ギャングエイジ」と呼ばれる発達段階に入ります。仲間意識が強くなるので，友だちとの関わりが増える一方，仲間はずれなどの問題も増えてきます。また，保護者の言うことを聞かないという相談もあります。ルールを守る大切さについて根気強く伝えていく姿勢を共有し，ともに育てる姿勢を示しましょう。リコーダーや習字も始まり，準備物が増えるため，忘れ物が目立つ学年でもあります。多い場合には保護者に伝えます。

3 課題とよさは１：５で伝える

　学級全体ではなく，その子ならではの内容を伝えます。何のときに何をしていてどうだったのかを丁寧に話すことで，保護者は「しっかり見てくれている」と安心感を抱くことができます。また，課題を伝えるときには，その子のよさを５つは伝えてからにします。課題ばかり言われてもよい気分にはなれません。大切な我が子のことです。よさを５つ伝えられ，ようやく１つの課題を受け入れられるものです。もちろん，課題を伝えた後は，その対応策もセットで伝えていきます。帰りに「来てよかった」「明日も安心して学校に通わせよう」と前向きに思ってもらえる面談を目指しましょう。

（日野　勝）

1学期の通知表文例

●教室に入ってくるときに元気にあいさつをする子ども

> 　毎朝，教室に入ってくるときに，大きな声であいさつをしていました。○○さんの元気なあいさつが，クラス替えをしたばかりの４月の教室を，さわやかさと温かさで包み込んでいました。

　クラスの雰囲気をよくする行動を表現するとき，「…してくれました」と書きがちですが，見取った事実を客観的かつ冷静に記すことが大切です。

●身支度を整え，手際よく配膳ができる子ども

> 　給食の時間には，てきぱきと身支度を整え手際よく準備を進めました。配る人数を考え，１人分の量を上手に皿へ盛りつけることができました。

　食缶から皿へ均等に盛りつける活動は，高学年でもなかなか難しいです。家庭でのお手伝いの経験が学校で活用されている様子を保護者に伝えます。

●基本的な生活習慣が整わない子ども

> 　登校時刻に間に合う日が増えてきました。本人の努力の成果が少しずつ表れてきていますので，引き続き支援していきます。

　小さくてもポジティブな変化を見逃さないで，丁寧に記述します。文末に今後の見通しや，担任としての指導の方針を書くようにしましょう。

●友だちと協力して丁寧に掃除ができる子ども

　掃除の時間では，友だちと協力して隅々まできれいにすることができました。時間を見ながら効率よく作業を進め，使った道具をきちんとロッカーにしまっていました。

掃除は学びの宝庫です。積極的に子どもの姿を評価していきましょう。

●学級で飼育している生き物の世話をしている子ども

　学級で飼っている昆虫の世話を毎日欠かさず行いました。餌となる葉をたくさん集め，食べる様子をうれしそうに観察していました。

「行動の記録」の「生命尊重・自然愛護」の評価と対応させます。

7月

●相手や目的を意識して，伝えたいことを明確に書ける子ども

　国語では，「生き物ブック」を作成しました。1年生にわかるようにイラストをたくさん入れ，飼い方のコツを箇条書きでまとめました。

評価のポイントを具体的に入れて，保護者にわかりやすい内容にします。

●漢字がなかなか定着しない子ども

　2年生のときに比べて，書ける漢字が増えてきました。毎日の努力の成果です。努力は必ず形になるので，声をかけ続けていきます。

成長の兆しと日々の努力を称賛し，教師の指導の方針を記します。

●わり算のよさに気づき今後の生活や学習に活用しようとする子ども

算数「わり算」では，「何人に分けられるか」と「いくつ分になるか」の違いを理解しました。学習した考え方を使って，給食のときに残った大豆の１人分のおかわりの数を出すことができました。

テストの点ではなく，考え方を理解し，活用する姿を記すことが大切です。

●調べたことを白地図や文などにまとめている子ども

学校のまわりの様子を進んで調べ，白地図にまとめていました。高層マンションが多く，新しい施設が多いことに気づきました。

取り組む姿勢だけでなく，活動を通して学んだことを具体的に記します。

●生き物の体のつくりについて興味をもち，進んで学習している子ども

理科では，生き物の体の構造に興味をもちました。昆虫は頭・胸・腹，植物は葉・茎・根と３つに分かれる共通点を発見していました。

授業中の発言などから，その子ならではの気づきを見つけるようにします。

●学習に興味がもてない子ども

校庭の虫をたくさん見つけて観察できました。その高い意欲は学級の模範です。次の段階の学習につなげられるよう支援していきます。

その子なりのよさを必ず見つけ，今後の指導の方針とともに記載します。

●表情やジェスチャーをつけて英語であいさつをしている子ども

> 外国語活動では，友だちと笑顔であいさつをして，ジェスチャーを交えながら自分の様子や状態を伝えることができました。

外国語活動では，活動中の表情にも注目し，評価につなげていきます。

●道徳で生命の連続性に気づいた子ども

> 道徳「ヌチヌグスージ」では，家族のつながりの大切さを考え，生命のつながりについて気づいたことをワークシートにまとめていました。

道徳は到達度評価ではないので，文末表現を「…できた」にしません。

●運動会で表現運動をがんばった子ども

> 運動会に向けて，ダンスリーダーとして学級の先頭に立って活躍しました。本番は練習の成果を発揮し，すばらしいダンスを披露しました。

事前の練習（努力）→本番（成功）という流れを意識した書き方です。

●ノートを丁寧に書けない子ども

> ノートの字がだんだん整ってきました。尖った鉛筆で，下敷きを入れて書いている姿が増えてきたので，これからも声をかけていきます。

尖った鉛筆，下敷きというポイントを記載し，保護者と共有を図ります。

（岩田　将英）

8月の
学級経営の
ポイント

1 まずは自分の時間を確保する

いよいよ夏休みです。夏休み前に「先生は,学校が大好きです。だけど,夏休みはもっと大好きです」と言うと,子どもたちはにっこりします。

楽しい学校生活にひと区切りをつけ,自分と家族だけの時間を楽しむ夏休み。楽しみでないはずがありません。「子どもたちにもぜひ学校のことは忘れて楽しんでほしい」というのが本音です(最近では夏休みの宿題をなしにする学校も出てきています)。

これは,教師にも言えることです。ぜひ,自分の時間を確保しましょう。会議や研究がないときは,率先して休みましょう。出勤も時間ギリギリでよいのです。やることが終われば休みを取って早めに帰り,少なくとも退勤時間になったら帰るようにしましょう。

家でゆっくりしたり,カフェでくつろいだり,買い物をしたり…。普段できなかったことを,普段できない時間に楽しみます。ここで大切なのは,「考えない」ということです。思考に余白をつくることが,最大のリラックス法だからです。

2 リフレッシュしながら教材研究を行う

「考えない」といっても,どうしても授業や子どもたちのことを考えてしまうのが教師です。気がつくと考えてしまうのです。「考えない」時間は,意識してつくらないと難しいのでしょう。

そこで,リフレッシュしながら教材研究をします。例えば,家族で旅行に行くとき,買い物に行くとき,気になるものがあったらまずは写真を撮っておきます。そのときに深く考えなくてよいのです。後から写真を見て考え,教材にしていきます。

旅行なら,パンフレットを必ずもらいます。これもすぐには読みません。本棚で眠っていても,もしかしたら,いつか教材として生かされるかもしれません。お土産屋さんやご当地スーパーも教材の宝庫です。その土地ならではのものがたくさんあります。例えば,以前長野県のスーパーで,サナギの佃煮を発見しました。

机上で文章とにらめっこすることだけが教材研究ではありません。余暇を楽しみながら行う教材研究もあるのです。

3 学校再開の準備を 少しずつ進める

　夏休み中に，少しずつ9月の準備をしていきましょう。まずは，7月までの教材研究のノートや授業の写真，そして学級通信など，「記録」を読み返します。そして，うまくいった点と改善すべき点に分け，チェックしていきます。改善すべき点を考えたら，記録しておきます。

　そして，9月からどのような活動をどこでするのか，期間はどれくらいか，そして，その活動にはどのような効果があるのかも考えます。あくまで予定なので，うまくいかないことがあるかもしれません。子どもたちの様子を思い浮かべ，9月からの理想の学級をしっかりとイメージしておきましょう。それに合った教育書も読んでおきましょう。

4 気になる子に 連絡を取る

　実は，夏休みが楽しみでない子もいます。大変ショックですが，実際にそのような子を担任したことがあります。

　不登校や不登校傾向，その他気になる傾向にある子には，何らかの手を使って夏休み中に連絡をします。夏休みに1〜3回程度できるとよいでしょう。できれば，その子の家に足を運ぶことが一番効果があります。会えないかもしれませんが，家に行き，その場の雰囲気を感じ取ることも実は大切です。

　また，学級全員に残暑見舞い，暑中見舞いを書くことで，学校再開への期待をもたせることができます（この取組は，学年団で相談が必要です）。

（松森　靖行）

9月の
学級経営の
ポイント

1 清々しさを感じられる教室で 子どもたちを迎える

　9月1日に再開される学校が少なくなり，8月中に再開される学校が多いようですが，夏休み最後の1週間には，教室環境などを整理整頓しておきましょう。

　まずは，教室環境です。夏休み中でも埃などは溜まります。雑巾で拭いておきましょう。黒板もピカピカにしておきます。子どもたちの机や床，ロッカーも磨いておきましょう。夏休み前の掲示物は，年間通して掲示するものを除いて，すべて外しておきます。見落としがちなのが，ごみ箱です。ここもきれいにしておきます。教室の掃除が終わったら，黒板に学校再開のメッセージを書いておきましょう。子どもたちとの再会を喜び，がんばるぞという気持ち，期待感が上がるメッセージがよいでしょう。教室前の廊下，下足室，下足室から教室までの動線も危険箇所がないか，よく見て掃除をしておきましょう。

　休み明けはだれもがテンションが下がります。だからこそ，子どもたちが教室に入ったとき，清々しさを感じ，期待がもてるように整理整頓をしておきましょう。

2 リスタートでも，「安心感」と 「期待感」を意識する

　「リスタート」と聞いて，何か新しいことをするのかなと思いがちですが，特に新しいことをするべきではありません。夏休み前までとほとんど同じ「安心感」がリスタートのポイントです。

　また，とにかく無事に学校に登校できたことを喜び合いましょう。宿題などの提出物がきちんと提出されているか…といったことは，二の次です。つまり，宿題などを提出することが重要なのではなく，無事に元気に学校に登校できることが重要なのです。宿題がそろえられなかった子はドキドキしたり，「怒られるだろうな」と憂鬱な気持ちになったりしています。そしてそういった気持ちは学級全体に派生します。だからこそ，「学校に登校したことを，先生が喜んでくれた」という「安心感」が大切です。

　また，「またワクワクする何かが始まるな」という「期待感」も大切です。教師の話や，レク，活動で，9月からの期待感を上げていきましょう。本書で紹介するあそびなどをぜひご自身の学級でも試してみてください。

3 「何をしていた？」は NG ワードと心得る

夏休み明けに，全体で言ってはいけない言葉があります。「（夏休み中に）何をしていた？」です。また「どこか旅行に行った？」「何か楽しいことがあった？」といったことも聞きがちです。個人で話をしているときなら大丈夫ですが，そのような質問を全体の場でしてしまうと，特に何もなかった子，家庭で苦しんでいた子などにとっては，嫌な話題でしかありません。ましてや，教師が「先生は夏休みにハワイに行って…」などと話をすることは配慮に欠けます。話をするのならば，きちんと学級の子どもたちの状況を把握してからにしましょう。

4 子どもや保護者との信頼を築き続ける

学校再開の前に，生徒指導問題が起きたことがありました。幸い解決しましたが，うまく解決できた理由の1つとして，保護者との信頼関係が夏休み前までに築けていたということがあげられます。

しかし，信頼は「築き続ける」ものです。言い換えれば，「いつでも崩れる」ものでもあります。「この保護者とは，もう大丈夫だな」と思うことは危険です。

9月からも引き続き，担任している子どもたち，保護者全員を大切にするつもりで，接していきましょう。

(松森　靖行)

9月

夏休み帳

元気で登校してくれて先生はうれしいよ！

2学期はじめの
チェックポイント

生活面	□朝，教室に入るときの表情が明るい □教師の指示がなくても，１時間目の授業に入るまでの準備がスムーズに行える □１学期に決めたルールを全員が覚えている □チャイムや合図を守って行動の切り替えができる □給食当番や掃除当番の仕事がスピーディに行える □下駄箱に靴や上履きがそろえて入れられている □使ったものが元通りに片づけられる
学習面	□学習用具がそろっている □１学期に身につけた漢字や計算の学習の仕方（宿題も含む）が定着している □教師の問いかけに対するつぶやき等の反応がよい □１学期に身につけた「話す」「聞く」「書く」のスキルを意識して授業に臨んでいる □友だちの意見を最後まで聞くことができる □１学期の復習問題の正答率が８割を超えている
対人面	□休み時間に教師と自由におしゃべりができる □休み時間に１人で遊ぶ子がいない □相手に対する言葉かけが柔らかい □だれとでもペアやグループを組むことができる □たびたび体調不良を訴えてトイレや保健室に行く子がいない

1　生活面

　夏休みという長期の休みによって，1学期に指導してきたことが意識化されていないことがあります。1学期に指導したことを再点検し，リスタートするつもりで臨みましょう。できれば，子どもたち自身で1学期のルールやきまりを思い出せるような声かけをするとよいでしょう。「あれっ，教室に入ったら何をするんだっけ？」「下駄箱に靴を入れるときのポイントは何だっけ？」といった具合に，教師が問いかけて，子どもに答えさせてみるのも1つの手です。

2　学習面

　2学期の始まりは，学習面においても「リスタート」の意識をもって臨みます。特に学習面では，持ち物やそれらの準備の仕方や使い方，「話す」「聞く」「書く」のスキルなどを細かくチェックしましょう。できていないところがあれば，焦らずに再度指導し直しましょう。逆に，忘れずにできているところはしっかりほめましょう。

　また，市販の夏休みの宿題ワークについている「力試しプリント」などを使って，学習の定着度を測ります。弱いところがあれば，計画的に復習をしていくようにしましょう。

3　対人面

　夏休み中に子ども同士のトラブル（最近はSNS上のトラブルが多い）が起きていることもあります。学校内の様々な面で，子どもたちの人間関係を観察します。何か気にかかるところがあれば，周囲の子どもたちや保護者に尋ねてみましょう。そうして問題を把握し，必要があれば早めの指導を行います。

（岡山県公立小学校教員）

9月

避難訓練
指導のポイント

1　避難訓練への「構え」をつくる

　３年生ともなると，訓練には慣れてきています。注意事項や非難の方法などもしっかり覚えている子どもは多いでしょう。「慣れ」は「油断」につながります。火事や地震の恐ろしさを伝えるとともに，「自分の命を守るための学習なのだ」ということを改めて強調して訓練への構えをつくります。

2　標語の定着度合いをみる

　「おはしも」など定番のキャッチフレーズを覚えているか確かめておきます。担当の分掌から出されている内容を確認しておきましょう。

3 事後の振り返りを丁寧に行う

避難訓練は，実際に避難が必要な事態が起きた場合に備えて，「前もって」行うものです。つまり，訓練したことを実行できなければ訓練の効果がなかったということです。しかしながら，実際に避難が必要な事態が起こるまでそのことを確かめる術はありません。そこで訓練の振り返りが大切になります。「おはしも（ち）」の約束が守れたかどうか，校内放送をよく聞いて素早く行動できたかどうか，自己評価する機会をつくります。

また，訓練中の様子や集合場所での様子，訓練に対する参加態度など，教師の目から見てよかったと思われることを取り上げ，肯定的なフィードバックを行います。それに加えて，避難経路の様子について，特に気をつけておいた方がよいことに着目して考えさせます。「防火扉でつまずきそうになったよ」「階段で他の学年と会ったときにはどうしたらいいかな」など，子ども自身の「気づき」を基に教師が価値づけるようにします。

（藤原　友和）

9月

9
September

質問のポイントを楽しく学ぼう！
夏休み質問ゲーム

 時間 **10分**　 準備物 なし

ねらい

グループで質問の数を競い合うゲームを通して，質問する楽しさや質問のポイントを知る。

1.ルールを理解する

今から「夏休み質問ゲーム」をします。このゲームは，4人グループで行います。答える人を1人決めて，夏休みについての質問をたくさんします。1分間で一番多く質問したチームが勝ちです。ただし，1人が連続で質問できるのは2回までです。別の子が質問をしたら，また連続で2回質問することができます。それでは，グループの形に机を動かしましょう。

2.ゲームをする

まずは1人目。時間は1分間です。よーい，スタート！

夏休みに，バーベキューをしましたか？

夏休み一番の思い出は何ですか？

夏休みの
一番の思い出は？

3. 作戦を考えさせる

　2回戦の前に，作戦タイムを取ります。どうすれば質問の数が増えるのか，グループで話し合いましょう。

　できるだけ，連続質問を使おう。

うまくいくコツ
各班の1回戦からの数を表にまとめ，変容がひと目でわかるようにする。

4. 質問の数を増やすポイントを共有する

　4回行いましたが，どの班も質問の数が増えましたね。すばらしいチームワークでした。質問が増えるコツはわかりましたか？

　「はい」か「いいえ」で答える質問をすればいいと思います。

＼ ポイント ／

　ゲームを通して学んだ質問のポイントは，授業場面でも活用できるようにしましょう。質問力は何度も経験することで伸びます。

勝ち負けなしでみんなハッピー！

サマーじゃんけん

⏱ 時間　5分　📝 準備物　なし

ねらい

勝ち負けのないじゃんけんを楽しむことを通して，教室に笑顔を広げ温かい雰囲気をつくる。

1. 夏に関係するものを考える

 夏と言えば何ですか？

 すいか！　　かき氷！　　カブトムシ！

2. ルールを理解する

 今から「サマーじゃんけん」をします。グーは「すいか」，パーは「花火」，チョキは「クワガタ」です。これを3人組でします。3人でじゃんけんをして，例えば1人がパー，2人がグーだったら，チョキだけないよね？　だから「クワガタがない！」とみんなで言います。グー，チョキ，パーがそろったら「イエーイ！」とハイタッチをしましょう。ハイタッチの回数が多いチームが勝ちです。

 おもしろそう！

3. 練習をする

では，3人組で一度練習をしますよ。
笑顔で楽しみましょう。

じゃんけん，ポン！
えーっと…，すいかがない！！

4. 本番を行う

じゃんけん，ポン！　…クワガタとすいかがない！

じゃんけん，ポン！　…イエーイ！！

すいかがない！

\　プラスα　/

ゲームに慣れてきたら，言葉を変えてやってみるのもよいでしょう。

このゲームは言葉を変えれば季節を問わず楽しめます。

ハラハラ，ドキドキを楽しもう！
運命の数字ゲーム

⏰ 時間　**10分**　📝 準備物　**なし**

ねらい

　1〜30までの数字を選ぶゲームを通して，予想することやイチかバチかで決断することを楽しむ。

1. ルールを理解する

 今からする「運命の数字ゲーム」は，1〜30までの数字で戦うゲームです。選んだ数字は自分の得点になります。

 えっ!?　じゃあ，みんな30を選べばいいじゃん。

 実は，選んだ数字が友だちと被ってしまったら，それは0点になってしまいます。

2. 紙に3つの数字を書く

 全部で3試合行います。3つの数字の合計が大きい人がチャンピオンです。紙に1〜3試合目の数字を3つ書きましょう。

 とにかく被らないように，16ぐらいにしようかな。

3. ゲームを行う

1試合目です。全員立ちましょう。それでは，大きい数から聞いていきますね。30を選んだ人は手をあげましょう。

やっぱり被っちゃったか～！

29を選んだ人？　お～，すごい！　29点ゲットです。

25を選んだ人？

4. 合計得点を計算してチャンピオンを決める

合計が70点以上の人はいませんか？　ということで，今回は，70点を獲得した○○さんの優勝です。おめでとうございます！

＼ プラスα ／

数字を1～50までにしても盛り上がります。時間に応じて試合数を減らしたり増やしたりするとよいでしょう。

9月

仲間と協力して言葉を集めよう！
3文字イエーイ

時間	10分	準備物	●筆記用具 ●ノート

ねらい

頭文字が決められた3文字の言葉を見つけるあそびを通して，仲間と協力して課題に取り組む楽しさやよさに気づく。

1. ルールを理解する

（黒板に「あ○○」と書く）
「あ」から始まる3文字の言葉にはどんなものがありますか？

「あしか」とか「あずき」！

今から「あ」から始まる3文字の言葉をたくさん集めていきます。
それでは，さっそくノートに書きましょう。

2. 書いた数を確認する

今確認したところ，一番数が多かったのは○○さんの8個です。
○○さんに，大きな拍手を送りましょう。

○○さん，すごい！

3. ペアで言葉を増やす

 では，今度はペアで言葉を出し合います。数を増やしましょう。

 あっ「アイス」ね！　私は「あくび」って書いたよ。

4. 自由に友だちと交流して数をさらに増やす

 ペアで数が増えましたね。最後は，学級全体で数を増やしていきます。いろんな友だちと交流して，数をもっと増やしましょう。

 「あさり」はどう？

 みんなで協力し合ったら，すごい数になりそうだね！

アイス！

あひる！

（堀井　悠平）

＼　プラスα　／

　頭文字を変えると，何度でもゲームを楽しめます。「○○か」や「○ー○」など，難易度を変えて知的に学び合うことができます。

10月の学級経営のポイント

1 行事の実行委員会の活動で子どもに無理をさせない

　学校行事が多くある季節です。行事ごとに「子どもたちが成長できる取組にしよう」と職員会議や学年会で話し合うことでしょう。

　行事では，準備期間から教師だけががんばるのではなく，子どもたちも取り組める内容にすることが大切です。しかし，その内容は，無理のないものにしましょう。子どもたちの中から実行委員を任命し，委員会を中心に活動を進める方法もあります。

　しかし，それで子どもたちに力がつくでしょうか。このような場合，休み時間が主な活動時間になります。休み時間確保は子どもたちの権利です。休む暇もなく，授業→実行委員会→授業…と追い立てられる子どもたちの心の状態はどうでしょうか。教師がよかれと思ってしていることが，子どもたちにとってマイナスになっていないでしょうか。

　行事の練習や準備などは，授業時間内，授業時数の範囲内でできるものを考えましょう。3年生の子どもたちにとって，時間的にも，物理的にも無理のある実行委員会の活動などは，あまり意味がありません。

2 子どもたちの実情に合わない活動は行わない

　運動会の練習のための特別時間割がある学校が多いでしょう。職員会議できちんと時数や教科などのバランスを考えて組まれた時間割です。

　運動会の活動内容は，その特別時間割内でできる範囲で構成されているはずです。しかし，算数の時間を運動会の練習時間に変えたり，休み時間も練習させたりと，その範囲を越えて練習をさせているのが現状です（この状況は，私が教師になった20年以上前から変わっていません）。「練習させたり」と書いたのは，子どもたちが本当に練習したいと思ってやっていることは，ほとんどないからです。「子どもたちは喜んでやっている」と思っているのは教師だけかもしれません。

　体育の時間と特別時間割の範囲内でできる内容にすることも，教師の腕の見せ所です。「今流行りの音楽だから…」「見栄えがいいから…」といったことに偏り過ぎないように注意が必要です。その運動会の活動内容は，子どもたちの実状に合っているのかを考えてみてください。

3 苦手な子への手立てを用意する

合唱や音楽会なども運動会と同じです。予定された時数内でできる内容になっているでしょうか。

運動会で体育が苦手な子がいるのと同様，合唱や音楽会でも音楽が苦手な子がいます。「行事だから」「みんなしているから」「がんばれば大丈夫」という言葉で，子どもたちを納得させようとしていませんか。

予定や時間数を守って練習をすることはもちろん，苦手意識をもっている子どもたちへの手立てを考え，実行されているでしょうか。全員参加の行事を謳うなら，全員無理なく参加を心がけるべきです。その手立てをぜひ本書から見つけてください。

4 行事があっても授業をきちんと行う

「運動会や音楽会の練習があって，授業が思うように進まなかった」という話をよく聞きます。それもそのはずで，国語などの授業を行事の練習に変えているからです。行事の練習を通してクラスのチームワークを高めることも大切です。しかし，しっかりとした日常の授業こそ，クラスのチームワークを強固なものにします。

行事を通して，子どもたちやクラスを育てます。そして，日常でも授業を通して育てていくことを忘れないようにしましょう。

行事で忙しい時期だからこそ，日常の授業を大切にするということを忘れないようにしましょう。

（松森　靖行）

10月

音楽祭
指導ポイント＆
活動アイデア

1　指導ポイント

☑ 仲間と協力して取り組めるようにする

仲間と一緒に取り組むことで1人ではできないこともできるようになるので，子どもたちのつながりを大切にした活動を設定する。

☑ 曲への思いをもたせる

教師から言われたことに従うのではなく，子どもたちが曲の雰囲気を感じ取り，思いをもって歌ったり演奏したりできるようにする。

☑ 楽しみながら活動できるようにする

学びとあそびを完全に分けるのではなく，あそびの延長線上に学びを設定することで，楽しみながら練習に向かうことができるようにする。

☑ それぞれのよさを認める

一人ひとりのよい部分を認め合える場面を設定することで，子どもたちの自信へとつなげ，練習へのモチベーションを上げていく。

☑ 見てもらうことを意識させる

観客にも楽しんでもらうという視点をもって練習に取り組むことで，保護者に成長した姿を見せることができるようにする。

2 活動アイデア

①グループで歌い方を考える

　メロディが歌えるようになったら，グループでどのように歌いたいか考える活動を取り入れてみましょう。

　各グループに書き込み用の楽譜と音源を渡します。メロディや伴奏，歌詞からイメージを膨らませ，どのように歌いたいかを書き込みます。出てきた意見を歌って試しながら話し合いを進めていきます。考えた理由も書くようにしましょう。練習をして考えたように歌えるようになったら発表をします。そして，全体で交流しながらどのように歌うかを決めていきます。拡大した楽譜を用意しておき，そこに書き込んでいくと，イメージや歌い方の共有がしやすくなります。また，イメージはあるけれど歌声に表すことが難しい場合があります。そのときは，教師がアドバイスしながら思いを歌声に表すことができるようにしていきましょう。

　自分たちでつくっているという実感をもたせることは，一人ひとりのやる気につながります。

②リコーダーに触れる機会を増やす

　3年生になって始まったリコーダー。みんな楽しんで吹いていることでしょう。音楽祭ですてきな演奏をするためには，普段からリコーダーに触れる機会をたくさん設けることが必要です。休み時間や放課後に自由に吹くことができる環境を整えましょう。ただし，校内放送が流れたら吹くのを止める，歩きながら吹かない，などのルールは決めましょう。CMソングや流行の曲などの楽譜を教室に用意しておくと，子どもたちは喜んで練習します。運指表を教室に貼って，吹いてみようかなと思うきっかけをつくりましょう。

　音楽祭の曲が決まれば，毎日朝の会か終わりの会で吹くようにします。伴奏を録音しておくと，いつでも合わせることができるので便利です。1日1回でよいので毎日続けましょう。リコーダーが少し苦手そうな子は，休み時間に一緒に練習するのもよいでしょう。体育館での練習が始まるころには一人ひとりが自信をもって吹けるようになっていると，練習がどんどん楽しくなります。リコーダーは短期間で急に上手にはなりません。音楽祭前に慌てないように，計画的に取り組みましょう。

③ 「いいところ見つけ」をする

　体育館での練習が始まると，できていないところばかりに目が行きがちです。しかし，注意が続くと子どもたちのやる気は下がります。気になることを言うのをぐっと我慢し，子どもたちに任せる時間もつくってみましょう。

　歌うグループと観客グループに分かれます。観客グループの子は，当日観客席になる場所に座ります。歌うグループの子は，本番通りに舞台に立って歌います。歌い終わったら，観客グループはよかったと思ったところを発表します。「○○さんの口の開け方がよかったです」「声がそろっていました」「△△さんの姿勢を真似したいです」など，たくさんの意見が出てくることでしょう。気になることも出てくるかも知れませんが，「気になったことは自分が歌うときに気をつけたらいいよ」と伝え，いいところがどんどん出てくるようにします。グループを交代して，同じように行います。

　最後に全員で歌うと，教師がひと言も注意していないのに，歌声や一人ひとりの表情が最初と変わっていることに気がつくことでしょう。最後に教師からもよかったところを存分に伝えてあげましょう。

（土師　尚美）

学芸会
指導ポイント＆
活動アイデア

1　指導ポイント

☑ 脚本を作成する

国語や道徳で学習した物語や資料を基に脚本を作成すると，時間をかけて学習した内容であることから子どもは演じやすさを感じる。

☑ 目標を設定・共有する

「自分のひと手間を加えよう！」など，劇を「こなす」のではなく，劇づくりに「参加した」感覚を味わえる目標を設定する。

☑ 配役を決める

演じることにはずかしさを感じ始める時期なので，ナレーターなどの身体表現を要さない役や照明，小道具などの係を役割に加える。

☑ 子どもに練習を委ねる

練習の流れ（場面練習→話し合い→全体練習）を示した後は，子どもに任せていく場面を増やし，子どもが主体となって進めていく。

☑ 思い出を映像に残す

本番の映像を DVD にして子どもたちに配付する。観劇した他学年からの感想も添え，達成感と自己肯定感の向上につなげる。

2　活動アイデア

①ゲームを通して表現力を磨く

　学芸会は，表現を学習するにはうってつけの機会です。表現するうえで欠かせないのが，「表情」「ジェスチャー」「セリフの読み方」です。表情やジェスチャーの指導は低学年でも行われてきているので，3年生ではセリフの読み方に重点を置いて指導を進めていきます。

　「もっと楽しそうに読んで！」「悲しいときは涙声で！」などと，セリフの読み方は，指示中心の指導になりがちです。

　そこでおすすめなのが，「こんなときの○○ゲーム」です。2つの箱を用意し，Aの箱には「○○のとき」を記した紙を，Bの箱にはセリフを記した紙を入れます。それぞれの箱から1つずつ選んでセリフを読み，どんな場面のセリフなのかを解答者に当てさせれば成功です。「結婚を迎えた当日の(A)」「ごめん…（B）」など，無理難題なお題ほど盛り上がります。楽しいうえにセリフを読む力も高まる一石二鳥のゲームです。

②低学年児童と相互観劇を行う

　表情で表現することや声を出すことに慣れてきた３年生。教師から一方的に指導を受けてきた低学年期から一歩進んで，「気づき」を大切にした練習を進めていきましょう。おすすめは低学年児童との相互観劇です。

　望ましい回数は，舞台練習が始まった際と本番前の２回です。１回目は低学年の劇を観て気づいたことを伝えます。２回目は演技の上達ぶりを披露し合い，よさを伝えます。気づいたことを言葉にすることで，自らの演技を振り返り，演技力を高めることにもつながります。また，低学年児童の上達ぶりに刺激を受け，本番に向けて自然と気持ちが高まることが期待できます。低学年児童にとっても，３年生からのおほめの言葉はうれしく，活力剤になります。

　本番後には，互いの健闘をたたえ合うような手紙交換等を行うことで，子どもたちの達成感と自尊心がさらに高まります。

③大道具をつくる

　自分の役のお面や必要な小道具を作成してきた低学年期。どちらかと言えば「個」の充足感を大切にした取組でした。中学年の入り口となる３年生では，友だちとの関わりを意識した取組に変えていきたいところです。おすすめは，大道具づくりです。

　お面や小道具づくりは個で完結してしまい，子ども同士のつながりは生まれません。３年生では，配役ごとのグループで，役や場面で必要な，１人では作成できない大道具づくりに取り組ませてみましょう。作成する大道具は教員から提示するのではなく，「みんなの役やみんなが出てくる場面で必要な大道具にはどのようなものがありますか？」と子どもに委ねます。「岩山が出てくるから大きな岩をつくってみよう」などとつくるものが決まれば，だれが何を用意するのか，１人で用意できない場合はどうやって用意するのか，などを子どもたちが話し合いを通して解決していきます。解決の過程で子どもたち同士の関係が深まっていきます。本番後は作成したものを囲んで「はい，チーズ！」。学芸会の思い出がしっかりと胸に刻まれます。

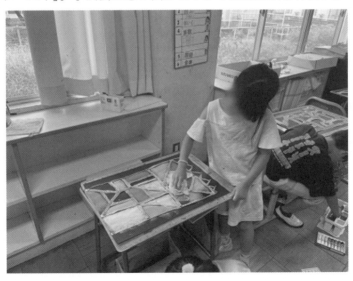

（日野　英之）

10
October

秋の運動会
指導のポイント

1 「お手本」としての意識をもたせる

　練習に入る前の事前指導では，「1，2年生のお手本になろう」と伝えるとよいでしょう。お手本，すなわち常に見られている意識をもたせることで，子どもたちによい緊張感が生まれ，教師は指導の基準が明確になります。「この縦，横がそろったこの並び方は，1，2年生のお手本だね！」と指導できます。また「この練習の雰囲気は，1，2年生が真似していいのかな？」と指導することができます。練習後の講評では，実際に1・2年生の担任の先生にしてもらうと効果抜群です。

2 ミニ先生システムを導入する

　団体演技の指導では，学年の教師だけで100人近くの子どもたちに指導するのは至難の技です。難しい振りつけにもなると，思うように指導できないことが多々あります。そんなときは，「ミニ先生」に頼りましょう。振りつけを習得した子どもには，ミニ先生の資格が与えられます。ミニ先生の資格をもった子どもは友だちに演技を教えることができます。ミニ先生に教えてもらって難しい振りつけを習得した子は，新たなミニ先生になります。

　このシステムを取り入れると，団体演技指導中にも子どもたちの対話が生まれ，子どもと子どもの関係がぐっと深まります。ただし，子どもたちの間に上下関係が生まれたりしないように，教師もしっかりと見守るようにしましょう。

3 子ども同士でアドバイスし合う場を設ける

　団体演技の練習では，子ども同士でアドバイスし合う場を設定しましょう。例えば，紅白での相互チェックです。紅組は演技を行い，白組は見学をします。演技終了後，白組から紅組に気づきを伝える，という流れです。

　この方法のメリットは大きく2点あります。

　1つ目は，客観的に見ることで気づきが生まれ，思考が働くことです。例えば，決めポーズがバラバラなときにアドバイスし合う場を設けると，「声を出して息を合わせる」などのアイデアが生まれてきます。

　2つ目は，効率よく練習と休憩ができることです。見学を水分補給しながら行うことで，熱中症対策にもなります。

　なお，「ほめるときは個人名を出してもOKだけど，改善をアドバイスするときは個人名を出さないようにしよう」など，事前にルールを決めておくと，みんなが安心して取り組むことができます。

10月

（工藤　智）

11月の
学級経営の
ポイント

1 「11月の荒れ」の原因を認識する

　6月には「魔の6月」について紹介しましたが，11月も荒れる学級が多いとされています。6月は，まだ学級のシステムが定着しておらず，子どもたちが担任や学級に不慣れな部分があるので荒れが起こります。11月は，行事などの練習途中や行事後に起こります。行事などの練習途中の場合，練習に重点を置き過ぎているために起こります。普段とは違うイレギュラーなルールや活動がないでしょうか。それについていけない子が荒れ始めます。行事後の場合は，目標を失ったことで起こります。行事の練習をがんばったり，行事が成功したりするのはよいことです。しかし，それで終わってしまっています。本来，行事は練習を含め，普段の学級生活に生かすものであるはずです。「行事の成功のみ」の指導が，11月の荒れを引き起こします。

　行事に向かって一生懸命取り組むのは大事ですが，「見栄えよくしたい」「かっこよくしたい」と思うのは教師のエゴではないでしょうか。無理のない練習の先に成功があるべきだと思います。

2 ルール変更の理由や期間を子どもにきちんと示す

　行事の練習中や準備中は，普段とは違うルールで進めていかなくてはならないこともあります。4月からの教室のルールを，その時期だけ変更しなければならないこともあるはずです。それは仕方がないことですが，「なぜルールを変更するのか」「そのルールがいつから，いつまでなのか」を教師がしっかりと全体に話し，内容を掲示するなどして，子どもたちが混乱しないようにしましょう。

　配慮を要する子どもたちは，このような変化が苦手です。担当の先生としっかり話し合って，その子たちには，個人で直接伝えることも必要でしょう。

　ルールの変更も仕方がないと書きましたが，1つだけ変更してはいけないルールがあります。「時間を守る」です。始まり，そして終わりの時間は子どもも教師もきちんと守るようにします。着替えなどで，時間通りに始まらないこともあるでしょう。そのときには，「次は10時45分から」と，変更した時間をきちんと伝え，子どもたちの中でも共有しておくことで，混乱を防ぎます。

3 他の学級を参観してみる

なかなか時間が取れないとは思いますが、ぜひ、先輩の学級を参観することをおすすめします。行事の練習や準備で忙しい中、どのように学級経営を進めているのか。先輩の学級経営のコツを学び取り、自分の学級に取り入れることで、「11月の荒れ」を防ぎましょう。

時には、先輩や管理職に学級の様子を参観していただくのもよいでしょう。自分では気がつかなかった「ほころび」を発見できるかもしれません。

先輩方もこの時期の授業の進度や学級経営に苦労しています。何年経ってもどうしたらよいか、悩みながら進めているものです。

4 授業は、当たり前のことをきちんとやる

他の月でも書きましたが、やはり授業が命です。行事に集中するあまり、「授業は二の次」と担任が考え始めたら、荒れの始まりだと思いましょう。

とはいえ、行事関係の話し合いや準備などで授業準備ができないと思われている先生も多いでしょう。普段の授業で構いません。「当たり前のことを、きちんとやる」ということを、いろいろな方法で子どもたちに伝えましょう。

そして、少しでよいので、子どもたちにとって新鮮な授業ネタを用意しておきます。「やはり授業はおもしろい」という気持ちになれたらよいですね。

（松森　靖行）

11月

「11月の荒れ」の
チェックポイント

生活面	□朝の会がなかなか始められない，教室の整理整頓ができないなどの学級の問題を，子どもたちで解決しようと試みている □行事や集会に取り組む方法を教師が示すのではなく，子どもに考えさせ，個人の取組の違いを認め合わせるようにしている □今までの係活動や当番活動にプラスする形で新たな取組を加えている □一人ひとりと個人面談を行い，子どもが課題としていることや悩んでいることを探っている □いろいろな面で各々がリーダーシップを発揮できるようにしている
学習面	□班員のミニテストの合計点を競うなど，不必要に競争原理をもち込むような学習をしていない □子どもの自力解決能力に見合った学習課題を設定している □課題解決の方法や学習形態をいくつか提示し，子どもに選ばせるようにしている □子どもたちが協働して問題解決する場面や時間を増やす工夫をしている □学力の低い子どもたちのフォローの仕方を事前に考えて授業を行っている

対人面	□トラブルが起こったら，互いの言い分を十分話し合わせ，解決方法を自分たちで探るように促している □規範意識を働かそうとする子どもや，リーダーシップを果たそうとする子どもを陰で励ましたり，アドバイスしたりしている □教師に対しての悪態にあまり反応せず，冷静に対処するよう心がけている □過度な同調圧力をコントロールし，違いを認め合ったり，失敗を許容し合ったりするようにしている □いじめがないか細心の注意を払っている □不適切な行動が目立つ子どもや不登校や保健室登校の子だけでなく，目立たず1人で悩んでいそうな子にも目を配っている

1 生活面

　ここまでに，子どもたちは様々な行事や集会を経験しています。その過程で教師がどんな関わり方をしてきたか次第で集団の成熟度は異なります。するべきことを教師が決め，解決方法を教師が示し，その評価も教師が行う，といった教師主導の関わり方をずっとしていると，教師の意に沿う子はよくても，そうでない子は，自信喪失，意欲低下，無気力といった状態に陥ります。これを教師が指摘すると，子どもは教師への不信感を募らせます。

　また，このような関わり方においては，たとえ課題が解決されても，それは教師の手柄で，子どもたち自身の達成感は生まれません。いつも子どもの先頭に立って指導力を発揮していると，そこについてこられない一部の子どもや，ついていくことにストレスを感じている子どもを見落としがちになってしまいます。そういった子は，不適切な行動をして教師の注目を引くようになったり，クラスに入らないことで現実逃避したりするようになります。

河村茂雄氏（2012）は，学級集団づくりの最低限である「ゼロ段階」達成後の委任的な指導行動のポイントとして，以下をあげています。
①リーダーシップを柔軟に切り替える
②児童生徒の主体性を尊重する形で指導する
③個人のサポートを適切にさりげなく行う
④適切なポイントで児童生徒の意欲の喚起・維持を行う
⑤リーダーを支えながら学級内の世論を建設的に方向づける
　日常生活の中で，こういった関わり方に重きを置き，子どもたちの自力解決を支えるようにします。

2　学習面

　これまで良好な関係性を築いてきた学級においては，協働的な学びや探究的な学びが成立します。また，３年生というこの時期の子どもは，自分たちで何かすることを好みます。よって，学習場面においても，班活動やグループ活動を取り入れることをおすすめします。
　ところが，課題設定も解決の方法も評価も，すべて教師が決めて行ってばかりいると，子どもの欲求に応えることができません。こういった授業に不満をもつようになると，学習意欲がなくなり，授業中の態度が一気に悪くなります。
　そうならないように，単元の中で数時間でも，また，１単位時間の中で数分でも，子ども同士の協働的な学習場面を入れます。そして，解決方法やグループ編成を子どもに選択させたり，どこまで達成できれば合格になるかの規準を子どもと一緒に考えたりします。こうすることで，授業に主体的に参加させ，互いの交流を楽しみながら自分たちの力で学習を進めている感覚を味わわせるようにします。
　また，学力の低い子への手立ても必ず考えておきます。複数人で学習していれば，そういった子は見た目には目立たなくなります。しかし，実際は学

習内容が理解できず，１人取り残されたような疎外感を抱いてしまっているケースがあります。そういった子をさりげなくフォローする方法を，事前に用意しておくようにします。

3　対人面

　この時期の集団形成としては，互いの違いを認め合ったり，互いを支え合ったりできる関係が育っていることが望まれます。ところで，この関係を「みんなで仲良く同じ行動をする関係」と捉えてしまい，休み時間の全員あそびなど，全員がそろって何かをすることに重きを置き，その行為を見て，学級の成熟度を判断してはいないでしょうか。

　全員がそろって何かすることをいつも要求していると，どんどんクラス内に規範意識が増幅します。これが過剰に働くと，みんなと同じ行動が取れない仲間を排除しようとします。集団の中で違う行動をする子どもは，集団を乱す危険分子であると見なされるのです。みんなと同じ行動が取れない子は，どこにでも一定数存在するはずです。ところが，過剰な規範意識が働くと，これらの子どもたちを許容できなくなるのです。こうして，クラス内に仲間外れやいじめが起こります。

　そうなると，学級に穏やかな雰囲気はなくなり，自分がいついじめのターゲットにされるかわからないという不安が募ります。すると，子どもは自分のまわりに安全基地となる小集団をつくろうとします。この小集団が複数できると，互いを反目し合うようになり，学級はどんどん不安定なものになっていきます。そうならないためにも，教師が過剰な規範意識をコントロールすることが必要です。

【引用・参考文献】
・河村茂雄『学級集団づくりのゼロ段階』(2012)

（岡山県公立小学校教員）

147

国語

なりきり日記を書こう！

1 授業の課題

> 身近にあるものになりきって，それが考えていることや気持ち，行動などを想像して表現しましょう。

2 授業のねらい

身近にあるものになりきることを通して，物事を多面的・多角的に捉えたり，気持ちを想像したりして表現できるようになる。

3 授業展開

①なりきるものを観察したり，気持ちを想像したりする

学校や家庭にあるものの中から，なりきりたいものを決めます。決まったら，まず五感を使って観察します。その次に，そのものが使われる場面を想像し，使われているときにどんな気持ちになるか，そのものが自分をどのように見ているかなどを想像します。グループでなりきるものを決めて，みんなでイメージを広げる方法も楽しめます。

T 「どんな色かな？」「どんな形かな？」とじっくり観察したり，「どんな性格かな？」「どんな気持ちかな？」と想像したりしましょう。

②文章で表現する

　なりきってみてわかったことを日記で表現します。日記の他に，自分あての手紙，詩，それを主人公にした物語文もおもしろいです。実態に応じて文章の種類を選択させたり，教師が１つ提示したりします。あまり文章の形にこだわらず，考えたことをどのように表現しているかに注目することが大切です。

> 「体育館」のなりきり日記（例）
> 　今日は，私が待ちに待った雨の日！　なぜかというと，雨の日はたくさんの子どもが私のところにやって来るから。雨の日の体育は，体育館でやると決まっている。２時間目は３年生の体育。この子たちは走るのが大好き。楽しそうに走っているから，私もうれしくなる。とてもうれしかったから，体についているたくさんの窓を開けて，大きな声で笑っちゃった。毎日雨ならいいのに。

③書いた文章を読み合う

　文章を書いたら友だちと読み合い，感想を伝え合います。「（同じものを選んだ場合）どんなところが同じだった（違った）？」「この日記を書いた人（もの）はどんな性格だった？　どんなふうに使ってほしいのかな？」など，感想を伝えるときの観点を示すことで，人物像に目を向けたり，気持ちを考えたりすることができ，感想交流も盛り上がります。

C　「私もうれしくなる」と書いているから，子どもたちのことが好きなんだね。

C　晴れの日は，だれも来ないからさみしいのかもしれないね。

C　笑うときに窓を開けるなんておもしろいね。

（手島　知美）

37×□の計算を楽しもう！

1 授業の課題

> 37×9の計算をしましょう。

2 授業のねらい

　答えがゾロ目になる37×□の計算を考える活動を通して，帰納的な考え方や関数的な見方を育む。

3 授業展開

①37×□の計算をしてみる

　「37×9の計算をしよう」と問題を提示し，自力解決に入ります。しばらくすると「おもしろい」というつぶやきが聞こえてきます。そのつぶやきをあえて取り上げず，答えだけを確認します。続けて37×12，37×15を計算します。すると「どういうこと？」と驚いたり「なぜまたゾロ目になるの？」と疑問をつぶやいたりする子が多数現れます。

C　37×9＝333，37×12＝444，37×15＝555。全部答えがゾロ目だ。
T　珍しいね。こういう偶然もあるんだね！
C　だったら，次は666！　答えが666になる式を探してみたい！

②なぜ答えが666になるのかを考える

37×□の式に着目して，積が666になる式は37×18であることを子どもは発見します。そこで，次のように教師が揺さぶります。

T 答えが666になる式は666×1ですね。

C その式もそうだけど，37×18も666になるよ。

T どうして一瞬で37×18とわかったの？

C だって，これまでの式を見たら全部かけられる数が37で，かける数は3ずつ増えているから。

C そうそう。だから答えが999まで式が予想できる。37×27だと思う！

$$37 \times 9 = 333$$
$$\downarrow +3$$
$$37 \times 12 = 444$$
$$\downarrow +3$$
$$37 \times 15 = 555$$
$$\downarrow +3$$
$$37 \times 18 = 666$$
$$\cdots$$
$$37 \times 27 = 999$$

③積が4桁の場合のきまりを考える

積が333〜999の式が並ぶと，子どもの問いは2つの方向に向かいます。

C 積が111と222になる式は何かな？（この問いはあっさり解決します）

C 37×30，37×33，37×36…と計算を続けていったらどうなるのかな？

C 1110，1221，1332…。ゾロ目にはならないね。

C ちょっと待って，おもしろい！ 次の37×39の答えが予想できるよ！

C 答えは何？ どうして予想できるの？

C 答えは1443だと思う！ 答えを位ごとに分けて，縦に見てみて！

C 位ごとに分けて縦に見ると，一の位は0，1，2，3…。本当だ，おもしろい！十の位は1，2，3，4…，百の位も1，2，3，4…だ！

C 37×42の答えは1554だ！

37×30 = 1	1	1	0
37×33 = 1	2	2	1
37×36 = 1	3	3	2
37×39 = 1	4	4	3
37×42…			

（新城 喬之）

151

理科

ピカ太郎を光らせよう！

1 授業の課題

ピカ太郎（右図）を使って，電気が通る
ものと通らないものを調べて，電気が通る
ものの特徴を考えましょう。

2 授業のねらい

オリジナルのピカ太郎で実験をすることを通して，楽しみながら，電気が
通るものと通らないものを調べることができるようになる。

3 授業展開

①回路のしくみを理解してピカ太郎を製作する

途切れた導線の間に電気が通るものを挟むと回路に電気が通る（豆電球が
光る）ことを押さえます。そして，電気が通るもの，通らないものを調べる
ための実験装置「ピカ太郎」を製作します。ピカ太郎は，導線のついた手で
電気の通るものを挟むと，豆電球が光ります。

T　途切れた導線の間に，電気が通るものを挟むと回路の電気が流れ，豆電

球が光ります。どのようなものが電気を通すかを調べるために実験装置「ピカ太郎」をつくりましょう。

図画工作との合科で、アイデアあふれるピカ太郎を製作してもよいでしょう。右はオリジナルの「チョウチンアンコウ君」です。

②電気が通るものと通らないものを調べる

自作したピカ太郎たちを使って電気が通るものと通らないものを調べます。

T　自分のピカ太郎を使って、電気が通るものと通らないものを調べましょう。ピカ太郎の豆電球が光ったものが、電気が通るものですね。

C　家の鍵は光ったよ。

C　消しゴムや鉛筆は光らなかったよ。

C　はさみは光るところと光らないところがありそうだ。

③結果を処理して考察をする

結果から、電気が通るものの特徴を捉えながら、どのようなものが電気を通すのかを考察します。

T　電気が通るものにはどんな特徴がありそうですか？

C　どれもキラキラしている。

C　銀色っぽいものが多い。

C　磁石のときに勉強した鉄がある。

T　みんなが見つけた電気を通すものは、すべて「金属」というものでできています。磁石の学習のときに使った鉄も金属の1つです。一円玉にはアルミニウム、十円玉には銅という金属が使われています。

（田中翔一郎）

11月

道徳
♥

お父さんに何て
言ったらよいか考えよう！

1　授業の課題

> 　ヨシタケシンスケさんの絵本『なんだろう　なんだろう』（光村図書
> 出版）の，「うそって，なんだろう」で，いかにも味が悪そうな料理を
> 出してきたお父さんに何て言ったらよいか考えましょう。

2　授業のねらい

　正直に言った方がよいか，うそをついた方がよいか考えることを通して，相手の気持ちや立場を尊重して言葉を選ぶことの大切さを理解し，時と場合や状況に応じて，よりよい言動をしていこうとする道徳的な判断力を養う。

3　授業展開

①自分で考える

　絵本の子どもの台詞の部分を隠したワークシートを配付するか，タブレット上で配信できるように用意しておきます。

T　まず，自分だったらお父さんに何て言うか考えてみましょう。理由は書
　かなくてよいので，自分が言う台詞をそのまま書いてください。

②ワークシート（タブレット）を基に交流する

　「何でそのように言うのか」「立場を変えたらどうか」「本当にそれでよい
か」などのワードを使いながら，自由に交流させます。

T　自分とは異なる考え方をした友だちや，なぜこのように考えたか聞いて
　　みたい友だちのところに行って，交流してみましょう。
C　何で正直に「美味しくない」って言えるの？
C　お父さんにうそをつきたくないから。
C　でも，自分がお父さんの立場だったら傷つくかもしれないな。
C　本当に？　子どもにうそをつかれるのはなんかモヤモヤしない？

③交流したことを基に，相手の気持ちや立場を尊重して言葉を選ぶことの大
　切さについてまとめる

　正直に言うことも，うそをつくことも，どちらが正しいということはなく，
相手の気持ちや立場を尊重して判断することが大切であるということに気づ
かせます。時と場合や状況，相手との関係性において，よりよい判断をして
いこうとする意欲を高めて授業を閉じます。

T　正直に言うという人も，うそをつくという人も，どちらにも共通する思
　　いがあるのではないかな？
C　本当だ。どちらもお父さんのことをよく考えているよ。
C　確かに。お父さんの気持ちを考えて，正直に言った方がいいと考えた人
　　も，うそをついた方がいいと考えた人もいたね。
C　つまり，いつも「正直が大事」というわけではなくて，相手の気持ちや
　　立場を考えて判断することが大事なんだね。
T　時と場合や状況に応じて，自分にとっても相手にとっても，よりよいと
　　思える言動を心がけるようにしていきたいですね。

11
月

（鈴木　賢一）

12月の学級経営のポイント

1 子どもたちを労う気持ちをもつ

　9月から12月まで続く2学期は，一番の長丁場です。授業の内容は多く，行事も多いことから，疲れている先生も多いでしょう。しかし，疲れているのは先生だけでしょうか。子どもたちも疲れています。一見元気そうに見える子どもも，心が疲れていたり，何かを抱えていたりするかもしれません。

　子どもたちに，いつもとは違う様子が少しでも見られたら，声をかけることが大切です。担任の直感というのは，当たるものです。担任が「どうだろう」と思っていることは，残念ながら当たることが多いのです。何かあればすぐに対応できますし，何でもなければそれでよいのです。「先生は私を気にしてくれている」と思ってもらえればよいことです。

　子どもたちは，元気に見せようとします。それはまわりの大人を心配させまいという思いからです。強がりを言う場合もあるでしょう。この時期，子どもたちも心と体が疲れています。まだ小さな子どもです。大人が感じている以上に疲れています。労わる気持ちを忘れないようにしたいですね。

2 学年末を見据えた振り返りを行う

　冬休みが終われば，この学年も残り3か月になります。1月からの3か月は，今までとは違います。3年生のまとめだけではなく，4年生への準備も同時に進めていかなくてはなりません。

　その準備段階として12月の振り返りは大切です。振り返りの仕方は様々ですから，この本を参考にしていただくとよいでしょう。

　大切なのは，子どもたちが以下のポイントを意識できているかです。

・4月からの成長が自分の言葉で言える。
・学級のよいところが言える。
・改善すべき点や1月からがんばることを，前向きな気持ちで言える。
・この学級が学年末にどのようになっているのがベストなのかを言える。

　子どもたち一人ひとりに配慮は必要ですが，担任から促されて行う振り返りでは効果が期待できません。自分のこと，学級のことを，「他人事」ではなく，「我が事」として考えられる振り返りにしましょう。

3 学級イベントは 無理のない形で行う

　学期末や長期の休み前には，学級でイベントを企画して実行する学級が多いでしょう。その話し合いや準備は，主に授業時間を使って行われます。学活の時間に行われることが多いのではないでしょうか。授業や学級での活動に余裕があるのならよいですが，ほとんどの学級では難しいのではないでしょうか。私は，イベントの企画，準備にほとんど授業時間を使いません。まず，参加する形を選びます。「出し物」「飾り」「司会」「参加」の4つです。子どもたちの個性はそれぞれです。無理矢理に「出し物」をしてもストレスが溜まります。得意な役割で，学級イベントに参加することができます。

4 学級目標の状況を 確認する

　4月にみんなで話し合った学級目標ですが，12月でも意識して活動を行っているでしょうか。みんなで学級目標の掲示物を作成して教室に掲示したものの，いつの間にか色褪せて…という学級をよく見かけます。3年生の場合，様子を見て，学級目標を毎学期や毎月変えるという手もあります。また，学級目標とは別に，こんな授業をみんなでつくりたいという授業の目標を作成することも考えられます（高学年の場合，学級目標自体をつくらず，一人ひとりが毎月自分自身を振り返るという方法もあります）。自学級の目標はどのような状況でしょうか。3学期に生かせる目標にしておきましょう。　　　　　　（松森　靖行）

出し物

飾り

司会

参加

得意な役割で，学級イベントに参加する

2学期の振り返り

1　学級づくり

　3年生の2学期は，友だちとの結びつきが強くなり，よくも悪くもまわりに同調するのが特徴です。友だち関係を重要視するあまり，ルールを破ってしまったり，注意を素直に聞けなかったりしていないでしょうか。子ども同士をつなぐことを意識して学級づくりを行い，だれとでも協力し合える関係になってきたかを振り返りましょう。また，自主性が高まる時期でもあります。できるだけ子どもに決めさせる場面を増やしましょう。決めさせた後は，活動の様子を見守り，必要に応じて声かけすることも大切です。以上を踏まえて，次のような視点で2学期を振り返ってみましょう。

□4月から徹底している当たり前のことは継続してできているか。
□友だちが困っているときに，助け合う姿が見られるようになったか。
□必要なときには，だれとでも協力できるようになったか。
□うなずくなどの反応をしながら，話を聞けるようになったか。
□掃除は，時間内に隅々まで丁寧にできるようになったか。
□朝の会，帰りの会を自分たちだけで進められるようになったか。
□あいさつは，自分からいい声でできるようになったか。
□忘れ物をしたとき，自分で考えてリカバリーできるようになったか。
□次の予定を考えて，時計を見て動けるようになったか。
□教師は子どもの自主性を尊重することができたか。

2　授業づくり

　3年生の2学期は，子どもたちが友だちの意見を聞き，それにつなげて自分の意見を言えるようになったかを振り返ってみましょう。全体での交流場面が教師への発表会ではなく，子ども同士の話し合いになっていることが大切です。交流の際には，自分の考えや立場をもち，考えの理由まで伝え合うことで，対話するよさを子どもたちが実感できます。教師が交流の交通整理をすること，交流することのよさを価値づけることも大切です。以上を踏まえて，次のような視点で2学期を振り返ってみましょう。

□先生ではなく，友だちに向けて意見を言えるようになったか。
□友だちの発表に反応しながら聞くことができるようになったか。
□友だちの意見につなげて自分の意見を言えるようになったか。
□ペアやグループでテーマに沿った話し合いができるようになったか。
□ノートに自分の考えやその理由を書くことができるようになったか。
□1人1台端末を場面に応じて活用できるようになったか。
□段落を意識して文章を書けるようになったか。
□授業の振り返りで，友だちの名前や友だちの意見を書けるようになったか。
□学級会を子どもが司会や書記をして進められるようになったか。
□教師は意見をつなぐ役割を果たすことができたか。

（溝口　健介）

学級イベント 指導ポイント＆ 活動アイデア

1 指導ポイント

☑ 「イベントは自分たちでつくるもの」ということを強く意識させる

イベントはあくまで自分たちでつくるもの。最初にこのことをはっきりと伝え，強く意識させることが大切。

☑ どのようなイベントにするのか子ども自身に考えさせる

ゲーム，グループごとの出し物など，どのような内容のイベントにするのか，子ども自身にアイデアを練らせる。

☑ 係を組織する

司会係，ゲーム係，音楽係，飾り係など，係（実行チーム）を組織して，全員で必要な準備を行わせる。

☑ 保護者や地域の方を招待する

保護者や地域の方を招待するイベントも1つの方法。「だれかを喜ばせる」という目標があれば，子どもたちの意欲は一層高まる。

☑ 会の最後は教師からのご褒美で締め括る

がんばった子どもたちをしっかりとほめて会を締め括り，達成感や満足感を味わわせる。内緒のご褒美も効果的。

2 活動アイデア

①どんなイベントにするか，話し合いの場を設ける

　お菓子づくりなど，教師が主導するイベントもありますが，より教育的効果を上げようと思ったら，企画から準備，当日の運営に至るまで，すべて子ども主体で取り組ませることをおすすめします。こうしたイベントは，子どもたちの企画力，実行力，仲間意識を育てる絶好の機会だからです。

　12月上旬，子どもたちに「2学期の最後にみんなで楽しいことをしませんか」と投げかけます。目をキラキラ輝かせる子どもたちに，「楽しい会は，自分たちの力でつくるんだよ」と伝え，早速話し合い活動に移ります。

　話し合いの司会進行は，学級委員や学級会係など，子どもたちに任せるのも1つの方法ですが，時間的に難しければ，教師が進行しても問題ありません。その際，①イベント名，②イベントの内容，③必要な役割分担の3つについては，必ず子どもたちに考えさせるようにします。子どもたちからたくさんのアイデアが出るので，多数決を採るなどして，時間的に無理のない範囲でイベントを企画します。以下，話し合いの際の板書例を示します。

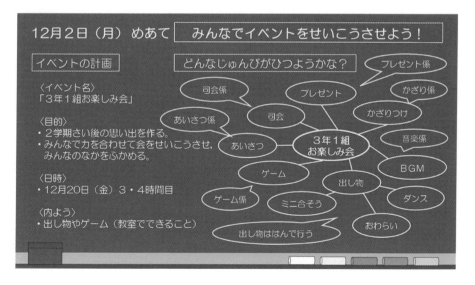

②係で分担して準備を進める

　イベントが成功するかどうかは，係（実行チーム）をいかに組織するかで決まります。例えば以下のような役割分担を行い，準備に取り組ませます。

【係（実行チーム）の例】
・司会係（当日の司会。原稿を書いて何度も練習する）
・あいさつ係（はじめの言葉，おわりの言葉を代表で述べる）
・プログラム係（会のプログラムを作成する）
・ゲーム係（ゲームの進行。ゲームごとに係を決めるとよい）
・飾り係（教室や黒板の飾りつけ。人数が多い方がよい）
・音楽係（BGMやみんなで歌う歌の準備を行う）　　　　　　　　など

　会の進め方やゲームの説明の仕方などについては，教師からも積極的にアドバイスを行います。しっかり練習時間を確保し，本番がスムーズに進められるようにしましょう。

　また，ゲームのみでも十分に盛り上がりますが，グループごとに出し物を行わせると，一層楽しいイベントになります。出し物についてはいくつか例を示すと，子どもたちもスムーズに活動を進められます。

【出し物の例】
・クイズ（本で調べてもよいし，オリジナルのクイズでもよい）
・歌・合奏（音楽の時間で学習した曲でもOK）
・ダンス（運動会で行ったダンスでもOK）
・ものまね（動物のものまね，先生のものまねなど）
・本の読み聞かせ（あまり長過ぎない絵本がおすすめ）
・お笑い（漫才やコント，一発ギャグなど。みんなで大笑い）
・手品（かなり練習が必要）　　　　　　　　　　　　　　　　など

③保護者や地域の方を招待し，感謝の気持ちを伝える

　自分たちで楽しむ会もよいですが，保護者や地域の方を招待して行うイベントもおすすめです。参観日と兼ねて保護者との交流会を行うイベントもありますし，総合的な学習の時間の学習を兼ねて地域の方に感謝の気持ちを伝えるイベントを仕組むことも考えられます。

　その場合，町探検で調べた地域のことを発表させたり，国語で取り組んだスピーチを行わせたりと，プログラムの中に，何かしら子どもたちが学習の成果を発表する機会を設けるとよいでしょう。音楽で取り組んだ合奏をこのイベントで披露するというのもよいですし，図画工作で保護者へのプレゼントを作成して渡すという方法も考えられます。このように，すべてを学級活動の時間で行うのではなく，様々な教科・領域と関連させながら，無理なくイベントの準備を進めていくことが大切です。

保護者へのプレゼントカード
（図画工作で作成）

音楽で取り組んだ合奏を
保護者を招待したイベントで
披露する様子

12月

（有松　浩司）

163

2学期の通知表文例

●友だちのがんばったところやよいところを見つけられる子ども

帰りの会では，その日に友だちが親切にしていた姿や，一生懸命がんばっていた姿を，毎日発表していました。友だちのよいところを見つけようとする○○さんの姿勢が，学級全体に広がってきました。

プラス面は「○○できてすばらしいです」と書きがちですが，教師の主観は抑え，客観的な記述に努めた方が，評価全体の信頼につながります。

●工夫しながら係活動に取り組んでいる子ども

もっとクラスの友だちが楽しめるように，教室に「遊び募集ボックス」を設置しました。自分の希望する遊びを言うのが恥ずかしい子や，思いついたときにすぐ伝えたい子に大変好評です。

本人のねらいと行動が，どのような効果・成果をもたらしたのかを具体的に記述しています。保護者がわかるように具体的に記すことが大切です。

●休みがちになってしまった子ども

登校すると，友だちと楽しく遊んだり，会話をしたりしていました。学校での楽しい時間がさらに増えるように支援していきます。

状況が改善する兆しと教師の願い，及び指導の方針を記しています。

●忘れ物が少なく，始業前に準備ができている子ども

> 毎日，学習に必要なものを確実に用意し，授業が始まる前に準備していました。連絡帳を上手に活用して，次の日に持って来るものや，宿題などを必ず記載し，忘れ物をしないように努めていました。

うまくいっている姿だけでなく，その理由も見つけて記載しています。

●学校図書館を利用し，わかったことなどをまとめて説明できる子ども

> 国語「くらしと絵文字」では，図書室の本を活用して世界の絵文字のおもしろさや日本の絵文字との違いについて発表することができました。

学校図書館を活用する姿を記載すると，授業の様子に動きが出てきます。

●小数の意味や表し方について理解し，加法及び減法の計算ができる子ども

> 算数「小数」では，0.1は1を10個に分けた1つ分で，整数と同じようにたしたりひいたりできることを理解し，正確に計算できました。

計算ができるだけでなく，小数の仕組みを理解した様子を記しています。

●友だちとトラブルが多かった子ども

> 話し合うことで解決できる場面が増えてきました。自分の思いや考えをしっかりと言葉で伝えられるよう，これからも支援していきます。

状況が改善している様子と，言葉で伝えさせる指導の方針を記しています。

●地域に見られる販売の仕事について，進んで学習している子ども

> 社会科「店ではたらく人」では，新聞の折り込みに入っているスーパーのチラシを複数比較して，それぞれの店の特徴や工夫を発見することができました。見学においても，店の方にたくさん質問していました。

子どもの姿を具体的に入れると，学びの様子がいきいきと表現できます。

●ものに日光を当てると明るさや暖かさが変わることを理解している子ども

> 理科「太陽の光」では，鏡で反射した光を友だちと協力してたくさん集め，1枚で集めた光と，明るさや暖かさが違うことを発見しました。

友だちと協力して実験する姿を保護者がイメージできるように記述します。

●釘を打つおもしろさを感じ，遊ぶことを楽しんでいる子ども

> 図工「くぎうちトントン」では，ビー玉の動きを確かめながら釘を打つ場所を工夫し，完成した作品で友だちと一緒に楽しく遊んでいました。

釘を打つ真剣さと作品で遊ぶ楽しさという，緩急をつけた記述です。

●私語が多い子ども

> アイデアが豊富で，友だちと活発に意見を交換していました。話を聞く場面で会話をする姿が見られたので，継続的に声をかけていきます。

記述は後段の方が印象に残るので，伝えたいことを後段に書いています。

●旋律の音の上がり下がりを感じ取って歌っている子ども

　音楽では，「とどけようこのゆめを」の旋律の上がり下がりを楽しみながら，友だちと元気よく歌うことができました。

指導上大切な内容（旋律の上下）をしっかりと記述することが大切です。

●道徳で家族の大切さに気づいた子ども

　道徳「耳の聞こえないお母さんへ」では，家族が愛情をもって育ててくれていることに気づき，感謝の気持ちをノートに記していました。

心の中は見えないので，外に表れた発言・記述を評価の根拠にします。

●英語で何が好きかを尋ねたり答えたりすることができる子ども

　"What ○○ do you like?" のフレーズを使って，友だちの好きなものを尋ねたり，自分の好きなものを紹介したりしていました。

当該単元の重要表現を入れると，学習している内容が明確に伝わります。

●怒りっぽい子ども

　何事にも一生懸命取り組んでいました。思い通りにならないと気持ちが昂ることもありますが，熱心さの証なので大切に見守っていきます。

ネガティブな要素もその子のよさと捉える教師の姿勢を示しています。

（岩田　将英）

1月の
学級経営の
ポイント

1 これまで以上に　　よいこと見つけを意識する

　いよいよ最後の3か月になりました。担任している子どもたちのよいところをたくさん見つけることができるといいですね。それとは逆に，できていない部分にも目が行くのではないでしょうか。そして，来年度の4年生の担任に「3年生のときの担任は，こんなことも指導していなかったのか」と思われないように，子どもたちに過度のことを望んでしまいがちです。

　4月からの9か月で，子どもたちは大きく成長しています。その成長は，見ようと意識しないと見落としてしまうものがほとんどです。どんなに小さな成長でもよいので，1つでも多く見つけて，その子に伝えていきましょう。よい行いや成長しているなと思うことがあったら，必ずその子に伝えましょう。直接でも，手紙でも構いません。電話でもよいでしょう。「このぐらいは伝えなくてもいいかな」ではなく，「こんな細かなことも伝えてくれるんだ」と思ってもらえるようにしましょう。残り3か月。かわいい子どもたちに，プレゼントをあげるつもりで。

2 「隣はずるい」に　　気をつける

　担任している子が隣のクラスと比べて「ずるい」と言ったことがあるでしょうか。学校や学年全体に関わるルール的なものならば，必ず守らせないといけません。

　しかし，「ずるい」の対象が各クラスのオリジナリティに関わる部分だと注意が必要です。「隣のクラスは授業が楽しそうだ」「隣のクラスはイベントをたくさんしている」などです。隣がよく見えると言うことは，自分のクラスに満足していないということです。人は自分の状態に満足していれば，文句は言いません。たとえ，明らかに隣が何かしら違うことをしていてもです。

　この時期，このような「ずるい」が聞こえてくるクラスは要注意です。子どもたちの心をつかむ授業をしていますか。クラスの子どもたちに愛ある語りをしていますか。クラスの子どもたちと何でもないことで大笑いしていますか。子どもたちは，自分のクラスの中で夢中になって活動し，笑い，助け合っていれば，文句を言いません。「隣はずるい」と聞こえたら，何か手立てを講じましょう。

3 係活動は機能しているかを
チェックする

係活動は，きちんと機能しているでしょうか。係活動は，やってもやらなくてもよい活動です。学級に潤いをもたせ，みんながより楽しくなるのならやるべきです。しかし，ずっと活動をしていなかったり，学級経営に支障を来していたりするのであれば，再考するべきです。

実際，私の学級では係活動がない年度もありました。係活動で育てたい力は，その他の活動で育てていました。係活動がなくても，何も支障がありませんでした。

新聞係がきちんと新聞を書いて，クラスのみんなが楽しそうに読んでいる。そのような係活動にしたいものです。

4 当番活動は機能しているかを
チェックする

係活動とは逆に，当番活動は必ず機能しておかなくてはならないものです。給食当番，掃除当番などが当番活動です。みんなが平等に，そして確実に仕事が行われているでしょうか。

この時期になると，担任が何も言わなくても，スムーズに活動が行われている状況がベストです。それに加え，「さらによりよい活動にするにはどうしたらよいのか」などを学級会の議題にするとよいでしょう。4月からの当番活動で子どもたちは大きく成長しています。担任が何も言わなくても，よりよい当番活動にしてくれるはずです。

(松森　靖行)

1月

3学期はじめの
チェックポイント

生活面	□係や当番などの学級活動や行事・集会の成果を振り返り，気づいたことを発言したり書いたりすることができる □これまでに学級全体でがんばったことや，4月からの全体の成長を発言することができる □「どうせ自分は…だから」と投げやりな態度をする子がいない □ルールを守っている子や，決められたことを確実に行っている子をほめても嫌な顔をする子がいない
学習面	□ノートの書き方，発言の仕方，聞き方等，教師の声かけがなくてもこれまで指導してきたことができる □基礎基本の習熟を目指した反復的な学習に意欲をもって取り組むことができる □これまでの学習の成果や努力の過程を自分で振り返り，達成感をもっている
対人面	□教師や周囲の仲間に自然にあいさつをすることができる □友だちのよさを学級全員分発言することができる □学級の中で不満や悪口が聞こえない □失敗やミスをした子を責めるような発言がない □自分と違う行動をしているからといって，舌打ちやひそひそ話をする子がいない

1 　生活面

　３学期は１年間のまとめをしつつ，来年への期待をもたせる時期です。よって，これまでの過程で身につけたことを子どもたちがどこまで意識して自主的に行動できているかを見取ります。

　また，これまでにどれくらい自分や学級全体が成長したかに目を向けることができるようにします。こういった姿勢があると，今後の様々な活動においても自分たちの成長を感じながら過ごすことができます。

2 　学習面

　学習面においても，生活面と同じように個々の伸びや学級全体の学びの広がりを，子どもたちに感じさせることが大切です。

　まずは，１学期から指導してきた学習技能が，どのくらい自動化できているかを観察します。指導してきた学習技能一覧を作成し，それを見ながら子どもに自己評価させてみてもよいでしょう。自分ができるようになったことを確認することで，これまでの学習に対する達成感をもたせるのです。こうした達成感をもちながら，漢字や計算等の反復練習に臨むことができていれば，着実な学力をつけていくことができます。

3 　対人面

　これまでのリレーションづくりがうまくいっていれば，互いに認め合う関係ができているはずです。達成目標に向かって取り組む方法がお互いに違っても，それを認め合い，指摘し合うといった行為は見られません。取組の違いを，自分にはない仲間のよさとして受け止めることができているからです。こういった承認感の広がりを見取り，うまくいっていなければ，その後の手立てを考えるようにします。

（岡山県公立小学校教員）

係・当番活動
レベルアップ作戦

1　心のこもったプレゼントで仲間を称賛する

　学級の子どもたちの無限大のポテンシャルを引き出すために，係活動のレベルアップは欠かせません。以下に具体例を紹介していきます。

　プレゼント係は，自分たちの手でつくったオリジナルのプレゼントを贈ることを通して，日頃みんなにやさしく接していたり，だれかのために動いていたりする人を称賛します。プレゼントリクエストも受けつけ，「こんなプレゼントをつくってほしい」という希望を聞きます。お金をかけず，手間をかけて，心のこもったプレゼントづくりに励みます。

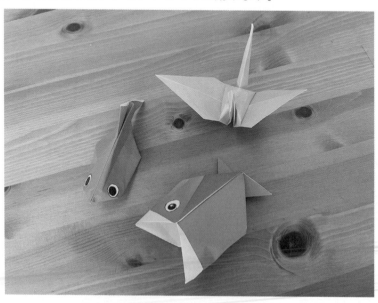

2 特技を生かして学級を盛り上げる

①イラスト係

　自分たちのお気に入りのキャラクターなどをかいて，希望する人にプレゼントしたり，教室に飾ったりします。

②クックグッド係

　おすすめ料理を紹介します。これまでに自分でつくっておいしかった料理や家族から教えてもらった絶品料理のつくり方をわかりやすくまとめ，希望者にプレゼントします。

③アイドル係

　まずは，メンバーを募ります。衣装は家から持って来てもよいし，自分たちでつくってもよいでしょう。例えば，ごみ袋（大）に飾りつけや色を塗ります。衣装ができたら，歌って踊るための選曲と振りつけ，立ち位置なども相談できるとよいですね。休み時間には，コンサートを開催します。サイン会，握手会なども盛り上がります。

3　日々の生活にワンポイントでアクセントをつける

　当番活動が係活動と違うのは，担当者がいて，日々の生活でだれかが活動しないと自分たちが困ってしまうことです。ただし，マストな活動であるとともに，３学期はよりユニークなアイデアも必要になってきます。以下に具体例を紹介していきます。

　すみっこイラスト当番は，毎日，黒板やホワイトボードのすみっこにイラストをかきます。
　たまにふきだしがついていると，「今日はどんなコメントしゃべるんだろう」と子どもたちは興味深々です。

4 独自の仕事でクラスに貢献する

①応援当番

　文字通り，友だちを応援します。声かけ，エール，お手紙，笑顔など様々な方法で，応援してほしい人がいれば全力で応援してあげます。だれも希望者がいなければ，教師が手をあげてもよいでしょう。

②ピカピカ当番

　その日1日，教室内外のあらゆるところをピカピカにしていきます。下の写真は，配膳台をピカピカに仕上げていたときのものです。

（中條　佳記）

2月の
学級経営の
ポイント

1 「最後の荒れ」に備える

　2月は，その学年の「最後の荒れ」が生じやすい月と言われています。学級にも相当慣れ，子どもは自分たちでいろいろできるようになりました。その姿は自信に満ちあふれています。その姿に担任は満足し，達成感でいっぱいでしょう。

　しかし，この状況こそが危険なのです。もちろん，成長は喜ばしいことです。できるようになったことを思いきりほめましょう。子どもたちの自信につながります。

　危険なのは，担任が満足してしまうことです。その満足感から，少しの綻びや荒れを見逃してしまうことになります。「残り2か月も，今まで以上にがんばろう」と思うことは，当たり前のことではありません。中には「あと2か月しかないから，もういいよね」と思う子もいると思っていた方がよいでしょう。

　学級の子どもたちが全員，最後の日まで全力を尽くせるように。前向きな言葉かけや活動を担任はこれからもしていかなくてはなりません。

2 授業を計画的に終わらせる

　2月は，授業の進度も気になります。3月になって慌てないように，もう一度学習計画を見直しましょう。

　2月末までにほとんどの学習内容が終了し，3月からは復習に入るという形が理想です。

　しかし，現実は厳しく，それが難しい場合もあります。そこで，2月の早い時期に「必ず指導する内容」をピックアップします。そして，以下の3つをポイントにしながら，残りの学習計画を組んでいきます。

・どれだけ残っているのか。
・どれが大切で，どれが流せるのか。
・どこを復習の中心とすればよいのか。

　履修しなければならない学習内容は，どれも大切です。しかし，内容に軽重をつけながら学習を進めていかないと，履修すべきすべての内容を終えることはできません。内容によっては，短時間で教えることもあるでしょう。学年団でしっかりと話し合って，慌てることがないように，残りの学習計画を立てていきましょう。

3 保護者に感謝の気持ち を伝える

いろいろと忙しい時期です。授業や行事，学級経営が忙しくなると，保護者対応が疎かになってしまうことがあります。

この2月まで学級経営ができたのは，保護者の協力の賜物でもあります。担任には見えませんが，保護者は子どもたちに，いろいろな声かけや支援をしてくださっています。家庭での保護者のひと言で，担任が救われていることは，たくさんあったはずです。

そこで，保護者に感謝の気持ちを伝えるつもりで，電話をしたり，手紙を書いたりしましょう。特別なことはなくてもよいのです。今の子どもたちの姿を知れるだけでも，保護者はうれしいのです。

4 行事の準備や練習を通して 自分たちの成長を感じ取らせる

6年生を送る会や，最後の参観日（発表会形式のものが多いと思います）の準備もあります。このような行事が，ただの準備や，やるだけに終わらないようにしましょう。

準備や練習をしながら，自分たちの4月からの成長を感じ取れる工夫をしましょう。話し合いや練習途中で，4月からの子どもたちのエピソードを取り上げます。写真や動画があってもよいでしょう。「運動会のときに6年生が助けてくれたから，みんなも全力を出せたんだね」など，子どもたちと今までのことを振り返りながら準備や練習を進めることで，行事の効果も大きく上がります。

（松森　靖行）

2月

6年生を送る会
指導のポイント

1　会の意味を丁寧に説明する

　理科や社会，習字に絵の具など，新しいことにたくさん取り組む3年生は，6年生を送る会でも1年間の成果として，その新しく取り組んだことが生かされることが多いものです。中でも取り入れられることが多いのが，リコーダー。はじめて取り組んだリコーダーを一生懸命演奏することは，がんばった3年生の締め括りとしてもふさわしい機会になることでしょう。

　しかし，やはり一番の目的は，6年生に喜んでもらうこと，そして子どもたちに「喜んでもらいたい」という気持ちをもたせることです。そのためには，ただリコーダーを演奏するだけではなく，「6年生は喜んでくれるかな」「6年生が笑ってくれるかな」と子どもたちが思えるようなしかけをしたいところです。

2　曲で6年間を振り返る

　そこでおすすめなのが，「6年間の思い出ソングメドレー」を行うことです。6年間の音楽で習った曲をピックアップしておいて，数フレーズずつメドレー形式で発表していきます。高学年の曲をリコーダーで演奏することは難しいかもしれませんが，低学年の曲はリコーダーで，高学年の曲は歌で，というふうに分けて考えれば実施することが可能です。

　聞いている6年生も，すべて自分たちが音楽の授業などで歌ったり，演奏してきたりした曲なので，懐かしさを覚えて「懐かしい　！」「あったあった」といった反応が聞こえてきます。中には，一緒に口ずさんでくれる子も

います。もちろん，他の学年の子たちも，知っている曲が出てくるのでよい反応を示してくれます。3年生の学習のまとめとしても，6年生が思い出を振り返る機会としても，きっと効果的な発表になるはずです。

3 演奏にひと工夫を加える

さらに，スクリーンを使える学校では昔の人気音楽番組のパロディとして図のように「〇〇小思い出ベスト6」のような画像を出すこともおすすめです。パソコンに長けていれば，アニメーションをつけて本当の番組のように曲名が出てくるようにしてもおもしろいです。

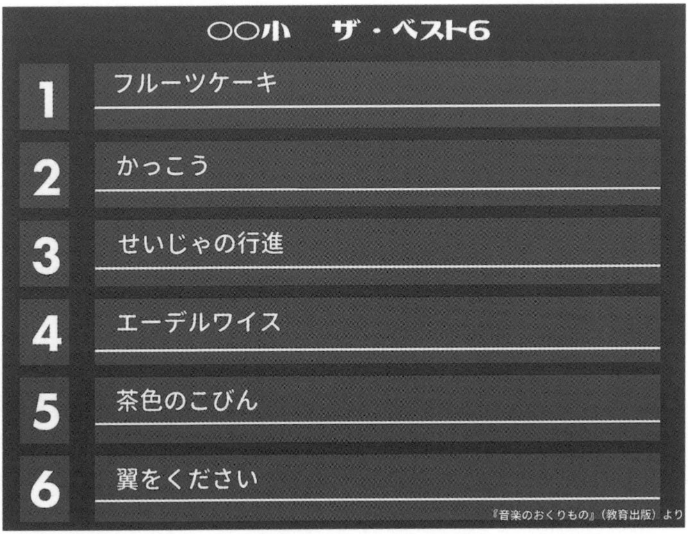

〇〇小 ザ・ベスト6	
1	フルーツケーキ
2	かっこう
3	せいじゃの行進
4	エーデルワイス
5	茶色のこびん
6	翼をください

『音楽のおくりもの』(教育出版) より

また，司会役を立て「1年生。みんなで手をたたいて歌ったあの曲です」「続いては3年生。はじめてのリコーダーで演奏した思い出の一曲です」と本物の番組のように進行をすれば，より大きく盛り上がることでしょう。

同じ演奏でも，こうしてひと工夫を加えることで，6年生が喜んでくれるような発表に変えることができます。

(佐橋　慶彦)

3月の
学級経営の
ポイント

1 担任が落ち着くことが一番 と心得る

　いよいよ最後の月です。成績処理や引き継ぎ，年度末の事務処理もあるので，担任は輪をかけて忙しくなります。そうすると，学級全体や子どもたちに目が行き届かなくなる場合があります。子どもたちの少しの変化に気がつかなかったり，子どもたちからのサインに気がつかなかったりすることもあります。何度担任をしても，この時期は苦労が絶えません。授業もきちんと終わらせなければならず，行事などもまとめ的なものが増え，担任のプレッシャーは相当なものになります。

　なかなかできないことかもしれませんが，そういうときだからこそ，担任が落ち着くことが一番です。2月のポイントでも述べましたが，しっかりと計画を立てることが一番です。さらに，その計画を超短期スパンで立てることをおすすめします。まず1週間，そして3日，さらに1日，午前中…というようにするべきことを細分化していくと，「今するべきこと」と「まだ時間があること」が明確化され，心が落ち着きます。

2 教師から子どもと距離を取り， 「担任離れ」させる

　「4年生も先生がいいなぁ」「先生じゃないと嫌だよ」と言われることがあるかもしれません。担任としてはうれしい言葉です。1年間の苦労が報われる言葉でもあります。しかし，「やっぱり，この子たちには私しかいない」と思ってしまうことは危険です。教育の最終目標は，教師がいなくても，自分たちで行動できることです。つまり，自己教育力の育成です。今の担任でないと不安だったり，違う行動をしたりするようでは，よい学級経営とは言えません。

　3月は，子どもたちを少し遠くから見て，成長を感じることが大切です。そして，少しでも担任から離れるように活動を仕組んでいきます。「先生がいなくてもできた。すごいね！」「先生，何も言っていないよ。やるなぁ」と言葉をかけ，「担任がいなくてもできた！」「4年生で先生でなくても大丈夫！」と思えるように，「担任離れ」させましょう。決して，冷たくするということではありません。見守る気持ちが大切です。「見守ってくれている」と子どもに伝わればよいのです。

3 最後の最後まで愛情を伝える

「見守ってくれている」が伝わればよいと述べました。「担任離れ」も意識しながら，最後の最後まで愛情を伝えるべきです。愛情を伝える一番の方法は，授業です。指導内容がほとんど終わっていたら，オリジナル授業をしてみましょう。この子たちと授業をするのも残りわずかです。愛情たっぷりの教材研究。愛情があふれんばかりの板書。愛情が伝わる授業での様子。自分が今できる最高の授業をプレゼントするつもりで，授業を研究してみてください。何年経っても，そのような授業をしてくれたことを，子どもたちは忘れないでしょう。授業で愛情を伝えることが，教師の最大の仕事です。

4 3年生ならではのお話で学級を納める

修了式の日。最後にどんな話をするかは重要です。ここでは，3年生担任ならではの話を紹介します。

「みなさん，3年生修了，おめでとうございます。この1年間。みんなと楽しい時間を過ごすことができました。（中略）

さて，次は4年生です。実は，4年生は少し違います。漢字で書くとわかります。二から三になるには，一を1つたせばよいですが，四は三に一を1つたすだけでは書けません。それだけお兄さん，お姉さんになるということですね。二から三になるときとは少しわけが違います。今以上に気合いを入れて，三から四に大きく成長しましょうね」

（松森　靖行）

1年間の振り返り

1　学級づくり

　3年生の3学期は、1年間のクラスづくりの振り返りをします。その指標となるのは、4月に決めた学年目標であり、学級目標です。学年目標や学級目標を考えた際に思い描いた姿と、今の子どもたちの姿を比べて、1年間の学級づくりについて、2つの面から振り返りましょう。

①規律

　1つ目は、規律の面です。4月から行ってきた「当たり前のことを当たり前にする」ことは、最後までやりきることはできたでしょうか。学級づくりの土台は安心感です。教師が3年生がもつエネルギーをうまくコントロールして、最後まで学級に安心感につながる規律を保つことができたかを振り返りましょう。

②主体性

　2つ目は、主体性の面です。4月は教師主導で学級づくりを行っていたと思いますが、3月には子どもが自分たちでクラスをよくしようという意識になったでしょうか。子どもが主体となって活躍できる余白を残して計画を立てることができたでしょうか。時には、教師も子どもと同じ目線に立ってアイデアを出したり、ともに悩んだりすることができたでしょうか。子どもたちがもつ自由な発想や「自分たちでやりたい！」という気持ちを最大限に発揮させてあげられたでしょうか。子どもたちの様子を思い返して、振り返りましょう。

年度末の学級づくりの振り返りは，子どもやクラスの様子を振り返ることで，教師自身の指導も振り返るとても大切な機会です。丁寧に行うことで来年度以降の指導が変わります。年度末の忙しい時期ですが，成果と課題と改善すべき点をしっかりと書き出しておくことが大切です。課題を考える際には，他責思考に陥らないように，十分に気をつけましょう。

　以上を踏まえて，次のような視点で1年間を振り返ってみましょう。

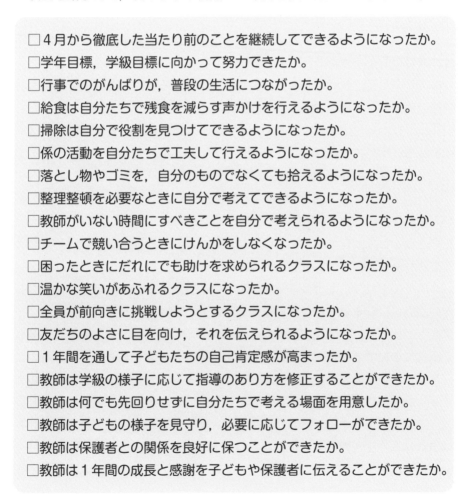

□4月から徹底した当たり前のことを継続してできるようになったか。
□学年目標，学級目標に向かって努力できたか。
□行事でのがんばりが，普段の生活につながったか。
□給食は自分たちで残食を減らす声かけを行えるようになったか。
□掃除は自分で役割を見つけてできるようになったか。
□係の活動を自分たちで工夫して行えるようになったか。
□落とし物やゴミを，自分のものでなくても拾えるようになったか。
□整理整頓を必要なときに自分で考えてできるようになったか。
□教師がいない時間にすべきことを自分で考えられるようになったか。
□チームで競い合うときにけんかをしなくなったか。
□困ったときにだれにでも助けを求められるクラスになったか。
□温かな笑いがあふれるクラスになったか。
□全員が前向きに挑戦しようとするクラスになったか。
□友だちのよさに目を向け，それを伝えられるようになったか。
□1年間を通して子どもたちの自己肯定感が高まったか。
□教師は学級の様子に応じて指導のあり方を修正することができたか。
□教師は何でも先回りせずに自分たちで考える場面を用意したか。
□教師は子どもの様子を見守り，必要に応じてフォローができたか。
□教師は保護者との関係を良好に保つことができたか。
□教師は1年間の成長と感謝を子どもや保護者に伝えることができたか。

2 授業づくり

　３年生の３学期は，１年間の授業づくりについて振り返りましょう。４月に思い描いた「こんな授業がしたい」という姿に近づくことはできたでしょうか。ここでは，「子どもが主体的に学び，対話を通して協働的に学べたか」という視点で振り返りをしたいと思います。

　子どもたちが教師から与えられる課題を待つのではなく，自分たちで問いをもったり，問いを解決する方法を考えたり，学び方を選択したりする場面はあったでしょうか。「子どもが主体的に学んでいる＝教師は何もしない」ではありません。教師は，事前の教材研究はもちろんのこと，子どもたちの学びの様子を丁寧に見取る，必要に応じてフォローをする，見取ったことを全体に広げたり次の学習に生かしたりする，など多くのことをしなければいけません。事前に予定していた計画を子どもの実態に合わせて，思いきって変えていくことも必要です。

　また，学び方に対する振り返りの時間を取ることも大切です。「自分の学び方はどうだったか？」「次やるときには，どんなことに気をつけたいか？」を考えることで，自ら学ぶ力がついていきます。

　限られた時間の中で，教材研究などの授業準備，授業後の振り返りは満足いくまでできたでしょうか。どれだけやっても，「まだまだ足りなかった」という思いになることだと思います。私たち教師にとって，毎日の授業こそが最も大切です。その授業づくりを教師が楽しむことで，子どもたちも楽しく授業に参加できるのだと思います。教師自身が授業を楽しむ心を忘れずに，日常を少しずつ変えていく努力を続けていきましょう。１年間の授業の中で，うまくいったこと，思うようにいかなかったことを教科や単元ごとに振り返り，アウトプットすることが，自分のスキルアップにつながります。春休みの間にじっくり時間をかけて行いたいですね。

　以上を踏まえて，次のような視点で１年間を振り返ってみましょう。

□話し合いで，意見をつなげたり，深めたり，広げたりできるようになったか。

□自分の考えと友だちの考えを比べながら，聞けるようになったか。

□友だちの話の大切な部分をメモを取りながら聞けるようになったか。

□相手意識をもって簡潔に発表できるようになったか。

□ペアやグループで，目的に向かって話し合えるようになったか。

□内容を工夫して，自分だけのノートを書けるようになったか。

□１人１台端末で，使いたい機能を自分で選べるようになったか。

□学級全員が「お客さん」にならず，授業に参加できるようになったか。

□苦手な学習にも，粘り強く取り組めるようになったか。

□自分の「問い」を書けるようになったか。

□自分で「問い」の解決方法を考えられるようになったか。

□自分で「学び方」を選択できるようになったか。

□自分の「学び方」を振り返ることができるようになったか。

□学級会などで，自分たちで納得解にたどり着くことができるようになったか。

□教師は子どもをよい意味で困らせる（悩ませる）ような問いかけをたくさんできたか。

□教師は日々の授業を少しずつ改善していくことができたか。

□教師は子どもの学びを丁寧に見取ることができたか。

□教師は見取ったことを指導に生かすことができたか。

□教師は教材研究や授業の振り返りを楽しんで行うことができたか。

（溝口　健介）

3学期の通知表文例

●放課後の机の整頓や黒板の日付の書き換えを率先してできる子ども

> 日直として，放課後の机の整頓を行い，黒板の日付を書き換えていました。教室のドアの溝に埃が溜まっていることに気づくと，自分からほうきとちりとりを出して，掃いている様子も見られました。

生活の様子の中に，その子の人間性や成長が表れます。日常の観察を通して気がついた点は1日の終わりなどに記録しておき，所見に記載します。

●クラス全員で遊ぶことやその内容を提案する子ども

> 「楽しいクラスにする」という学級目標を踏まえて，クラス全員で楽しく遊ぶ計画を学級会で提案しました。なるべく全員が楽しめるように，運動が得意な子もそうではない子も楽しめる遊びを考えていました。

その子の教室での自然な様子は，授業参観ではなかなか見られません。普段の子どもの行動や思考が保護者に想像できるように記述します。

●忘れ物が多い子ども

> 学習に必要なものが揃わず困ることがありましたが，担任と一緒に考えた，忘れ物をしない方法を次年度も続けていくことを期待しています。

3学期は次学期に指導できないので，期待を込めて締め括ります。

●文章全体の内容や構成の大体を意識しながら音読できる子

　　国語「おにたのぼうし」では，主人公のおにたが女の子を見守る視点を考え，読み方を工夫しながら音読していました。最後に豆まきをする女の子の気持ちとおにたの行方を想像しながら練習を重ねていました。

音読を練習する子どもの姿を通して，学習のねらいを記載しています。

●日常の事柄を表や棒グラフに表したり読み取ったりできる子ども

　　算数「ぼうグラフと表」では，掃除のときに落ちている鉛筆の数を曜日ごとに棒グラフにまとめ，水曜日の数が一番多いことに気づきました。

活動を通して数学的な見方・考え方を働かせている姿を記載しています。

●人々の生活の様子が時代とともに変化してきたことを理解している子ども

　　社会科では，洗濯板を実際に使って，現在の洗濯との違いや便利な道具の普及によって変化した生活の様子について理解しました。

教科の「社会」は一般社会と区別をするために，「社会科」と記述します。

●苦手なことに取り組めない子ども

　　様々な場面で勇気をもって取り組む姿が見られました。一度始めればがんばれるので，次年度もはじめの一歩を意識した取組を期待します。

見つけた改善の糸口とともに，次年度への期待を記述しています。

●磁石の異極は引き合い，同極は退け合うことを理解している子ども

> 　理科「じしゃくのふしぎ」では，同じ極は退け合い，違う極は引き合う特徴を理解しました。そのような磁石の特徴を生かして，ねずみと猫が追いかけっこをするおもちゃを楽しんでつくっていました。

学習内容とリンクさせて丁寧に記述することが大切です。

●タグラグビーに進んで取り組んでいる子ども

> 　タグラグビーでは，友だちと走りながらボールを渡す練習を熱心に繰り返し，ボールを持ってゴールラインを駆け抜けるのを楽しみました。

本人の努力と友だちとの協力を中心に書くとわかりやすくなります。

●お囃子の旋律づくりを楽しんでいる子ども

> 　音楽では，ラ・ド・レの３つの音を使って，オリジナルのお囃子をつくりました。リズムのよい旋律ができ，友だちからも称賛されました。

旋律づくりはオリジナリティが発揮されるので，記述しやすいテーマです。

●話を聞けない子ども

> 　いろいろなことに興味をもち，たくさん発見することができました。説明を聞くときには話し手に注意が向けられるよう支援してきました。

はじめに苦手なことを得意なことにリフレーミングして伝えています。

●道徳で自分の目標をもち，努力することの大切さに気づいた子ども

> 道徳「あんぱんの日」では，「火事にも負けず自分の目標を達成した安兵衛さんたちみたいに自分の夢をかなえたい」と発言していました。

道徳の評価は，自己の生き方を見つめる様子を記述することが大切です。

●英語の絵本の台詞を真似して発音する子ども

> 外国語活動では，絵本に出てくる犬の台詞 "I see something …." と "Are you a ...?" を真似して，繰り返し発音していました。

外国語に慣れ親しむのに大切な活動，「真似」「繰り返し」を記しています。

3月

●学習発表会で自分の成果を表現した子ども

> 学習発表会では，縄跳びを発表しました。跳べるようになりたかった二重跳びの練習を毎日繰り返し，本番では自信をもって跳んでいました。

保護者が知らない日頃の努力を詳しく見取り，記述することが大切です。

●友だちと協力できない子ども

> 人に頼らず自分の力で活動を進めることができます。友だちと力を合わせるよさも伝えてきたので，どちらも経験できるよう応援しています。

3学期の所見は，指導してきた内容とこれからの展望を記述します。

（岩田　将英）

【執筆者一覧】

金子　真弓（静岡県公立小学校）

松森　靖行（大阪府高槻市立清水小学校）

瀧澤　　真（千葉県袖ケ浦市立蔵波小学校）

上地真理子（琉球大学教育学部附属小学校）

渡邉　駿嗣（福岡教育大学附属福岡小学校）

荒畑美貴子（NPO法人TISEC）

平子　大樹（埼玉県久喜市立久喜小学校）

篠原　諒伍（北海道網走市立南小学校）

飯村　友和（千葉県公立小学校）

友田　　真（広島県公立小学校）

野澤　諭史（新潟市立東中野山小学校）

垣内　幸太（大阪府箕面市立箕面小学校）

手島　知美（愛知県みよし市立三吉小学校）

新城　喬之（沖縄県那覇市立那覇小学校）

柳沼　孝一（立命館小学校）

今井　茂樹（山梨学院短期大学）

久下　　亘（群馬県高崎市立東小学校）

溝口　健介（大阪府公立小学校）

日野　　勝（宮城県仙台市立片平丁小学校）

岩田　将英（千葉県柏市立柏の葉小学校）

藤原　友和（北海道函館市立万年橋小学校）

堀井　悠平（徳島県石井町立石井小学校）

土師　尚美（大阪府池田市立秦野小学校）

日野　英之（大阪府箕面市教育委員会）

工藤　　智（大阪府箕面市立西南小学校）

田中翔一郎（大阪府堺市立登美丘南小学校）

鈴木　賢一（愛知県弥富市立十四山東部小学校）

有松　浩司（広島県竹原市立忠海学園）

中條　佳記（立命館小学校）

佐橋　慶彦（愛知県名古屋市立守山小学校）

【編者紹介】
『授業力＆学級経営力』編集部
（じゅぎょうりょく＆がっきゅうけいえいりょくへんしゅうぶ）

『授業力＆学級経営力』

毎月12日発売

教育雑誌を読むなら
定期購読が、こんなにお得

特典1　年間購読料が2か月分無料
月刊誌の年間購読（12冊）を10か月分の料金でお届けします。
＊隔月誌・季刊誌・臨時増刊号は対象外です。

特典2　雑誌のデータ版を無料閲覧
紙版発売の1か月後に購読雑誌のデータ版を閲覧いただけます。
＊定期購読契約いただいた号よりご利用いただけます。

1年間まるっとおまかせ！
小3担任のための学級経営大事典

2024年3月初版第1刷刊　©編　者『授業力＆学級経営力』編集部
発行者　藤　原　光　政
発行所　明治図書出版株式会社
http://www.meijitosho.co.jp
（企画）矢口郁雄（校正）大内奈々子
〒114-0023　東京都北区滝野川7-46-1
振替00160-5-151318　電話03(5907)6701
ご注文窓口　電話03(5907)6668
＊検印省略　　　　組版所　広研印刷株式会社

Printed in Japan　　　　ISBN978-4-18-370329-3
もれなくクーポンがもらえる！読者アンケートはこちらから

→